DICTIONNAIRE

D'HISTOIRE ET DE GÉOGRAPHIE

DE LA CORSE

DICTIONNAIRE

D'HISTOIRE ET DE GÉOGRAPHIE

DE LA CORSE

Par M. D. DE BUTTAFOCO

DEUXIÈME ÉDITION

PREMIER VOLUME

MONTDIDIER

IMPRIMERIE ADMINISTRATIVE & COMMERCIALE A. RADENEZ

1887

AVERTISSEMENT

Nous offrons au public une édition nouvelle de notre
Dictionnaire d'Histoire et de Géographie de la Corse.
Nous avons consacré deux années d'un travail assidu et
consciencieux à la refonte de cet ouvrage dont la première
édition n'avait été pour ainsi dire qu'une ébauche, et qui
comble une lacune dans la nomenclature des livres relatifs
à la Corse.

Dans la rédaction des articles, nous nous sommes attaché
à être aussi clair et aussi concis que possible, en évitant
rigoureusement les digressions, les accessoires, les hypothèses,
de manière à ne donner au lecteur sur chaque sujet, que des
renseignements précis, instructifs et faciles à retenir. C'est
ainsi que pour l'histoire, nous nous sommes appliqué à res-
serrer les faits dans le cadre d'une narration succincte sans
toutefois rien omettre qui pût en altérer le caractère ou en
faire méconnaître la véritable signification. Pour la biographie,
qui occupe la plus grande place dans cet ouvrage, nous avons
fait en sorte de résumer la carrière des principaux person-
nages et de mettre en relief les traits saillants et caractéris-
tiques dans des notices rédigées sur le même plan. La partie
géographique a été traitée avec tous les développements que
le permettait l'étroit espace d'un livre de ce genre; nous
avons donné sur les villes anciennes et modernes, sur les

localités même secondaires auxquelles se rattachent des sou-
venirs historiques, sur les anciennes pièves, les cantons,
les anciens châteaux, les monuments, des indications exactes
et des renseignements qui faciliteront la lecture d'ouvrages
plus complets; nous avons également mentionné les golfes
importants, les rivières, les torrents principaux, les lacs, les
étangs, les principales montagnes, les passages remarquables
ainsi que les grandes forêts. Pour la statistique nous avons
consulté les documents officiels les plus récents. De sorte
que ce répertoire résume tous les éléments historiques, bio-
graphiques, géographiques et statistiques de la Corse. Nous
nous croirions largement récompensé de nos efforts si l'utilité
dont il a été le but, pouvait le rendre digne de la sympathie
du lecteur.

D. DE BUTTAFOCO.

Vescovato, le 25 Décembre 1886.

DICTIONNAIRE

D'HISTOIRE ET DE GÉOGRAPHIE

DE LA CORSE

A

ABATESCO. Torrent qui se jette dans le Fiumorbo; il a donné son nom à une belle vallée située sur la rive droite du bassin du Fiumorbo; son cours est d'environ 20 kilom.

ABBATUCCI. Famille ancienne et noble du *delà des monts* a fourni plusieurs hommes célèbres dont les plus connus sont:

ABBATUCCI (Jacques-Pierre). Né à Zicavo en 1726, fit de brillantes études au collège des Jésuites à Brescia. Il dut au généreux emploi qu'il faisait de ses connaissances dans la médecine et le droit, d'acquérir une grande popularité qui lui valut d'entrer au Conseil suprême de la Corse qui siégeait à Corte. Il fut plus tard investi par Paoli du commandement de la partie de l'île dite du delà des monts. Mais ses agissements le rendirent suspect au général qui ordonna son arrestation. Enfermé au château de Corte il fut rendu à la liberté peu de temps après à la suite d'une enquête qui établit son innocence, se réconcilia avec Paoli et devint l'un de ses plus habiles lieutenants. Il se distingua particulièrement à l'attaque de Borgo (1768) et l'histoire lui attribue le succès de cette mémorable journée. Après la catastrophe de Ponte-Novo, il fit sa soumission à la France et jura fidélité à Louis XV qui le nomma peu de temps après lieutenant-colonel du régiment provincial formé en Corse.

Lorsque Paoli voulut soumettre la Corse à la domination anglaise (1793), il passa en France où il fut nommé général à l'armée de Rhin-et-Moselle. Il combattit plus tard en Italie sous les ordres de Bonaparte, rentra en Corse et mourut en 1813.

ABBATUCCI (CHARLES). Général, fils du précédent, né à Zicavo en 1771, manifesta dès son jeune âge une vocation toute particulière pour la carrière des armes et fut nommé lieutenant en 1790. Il se fit remarquer à l'armée du Nord et sur les bords du Rhin; il était alors aide-de-camp de Pichegru. Après la bataille d'Hooglède, où il montra la plus grande valeur, il fut promu chef de brigade. Il se conduisit avec éclat à la reprise d'Ipres, aux sièges de Charleroi, de Vanloo, de Maestricht, de Nimègues, du fort de Grave, et obtint le grade de général de division en 1796. Il fut tué en défendant le pont d'Huningue contre les Autrichiens, n'étant âgé que de 26 ans.

ABBATUCCI (JACQUES-PIERRE-CHARLES), neveu du précédent né en 1792, à Zicavo, entra d'abord au prytanée Saint-Cyr, puis au Lycée Napoléon où il eut pour condisciples quelques-uns des hommes qui ont joué les principaux rôles dans les affaires de la France pendant le règne de Louis-Philippe, tels que Montalivet, Odilon Barrot, Casimir Delavigne, Dumont, Remusat, etc. Il alla ensuite suivre les cours de droit à Pise et entra très jeune dans la magistrature comme chef du Parquet de Sartène en 1816. Il fut nommé en 1819, conseiller à la Cour d'appel de Bastia. Président de Chambre à Orléans en 1830, il ne tarda pas à entrer dans la vie politique par les suffrages des électeurs de la Corse qui l'envoyèrent à la Chambre des députés où il fut plus tard maintenu par les électeurs du Loiret. Prit une part importante aux luttes parlementaires de cette époque, vota avec l'opposition et montra un profond esprit pratique et une grande intelligence des affaires. En 1848, il fut nommé Conseiller à la Cour de Cassation.

Il appartenait depuis plus de trente ans à la magistrature, quand l'Assemblée Constituante de 1848, proclama l'incompatibilité de la représentation nationale avec les fonctions salariées; il renonça alors à sa carrière pour défendre à l'Assemblée Législative la cause du Prince Napoléon. Après le coup d'Etat du 2 décembre, il fut appelé au Ministère de la justice. Sénateur la même année, Grand-Croix de la Légion d'Honneur. Mort à Paris en 1857. Son corps fut transporté à Zicavo et inhumé dans le caveau de la famille.

ACCIA. Au rapport de Filippini et autres auteurs une ville de ce nom aurait existé autrefois sur le col vulgairement appelé *Prato-di-Morosaglia* qui sépare la piève de Rostino de celle d'Ampugnani au pied de la montagne de San Petrone... *la dove si veggono le vestiggia della citta d'Accia la quale è del tutto distrutta (livre 10, page 298).* Suivant une dissertation insérée dans l'Annuaire ecclésiastique du Diocèse d'Ajaccio pour l'année 1882, la ville d'Accia ne serait qu'une ville imaginaire et ce nom servait tout simplement à désigner un Diocèse qui comprenait les deux pièves de Rostino et d'Ampugnani. Quoiqu'il en soit, l'évêché d'Accia est le plus récent de tous ceux qui furent créés en Corse; en effet il fut institué par le Pape Innocent II, en 1133. Sa création ne paraît avoir eu d'autre but que de réconcilier les Pisans et les Génois qui se disputaient la possession de la Corse et de satisfaire la vanité ou l'ambition de ces derniers en leur accordant autant de suffragants qu'en avait l'archevêque de Pise. — L'évêché d'Accia fut supprimé et réuni à celui de Mariana en 1563. Il eut par conséquent une durée de 430 ans.

AGADERA. Cours d'eau qui sillonne la vallée de Barrettali dans le Cap-Corse.

AGILA. Ancienne ville, aujourd'hui détruite et qui n'a pas laissé de vestiges. L'historien Limperani en attribue la fondation aux Tyrrhéniens; d'après cet auteur elle s'élevait sur l'emplacement qu'occupe le hameau d'Ogiglioni à trois kilom. S. O. de l'Ile-Rousse.

AGRIATES. On désigne sous ce nom une portion de territoire du canton de Santo-Piétro-di-Tenda dans le Nebbio. Une partie de ce territoire est couverte de terres cultivées en céréales par les paysans de la Balagne, du Nebbio et de Nonza.

AITELLI (Ignace) l'abbé. Il était né à la Rocca di Morosaglia de parents alliés à la famille du général Paoli. Après avoir étudié en Italie, il embrassa la carrière ecclésiastique et reçut la prêtrise en 1720. Il prit une part importante à la révolution de

1729 et fut l'un des plus ardents défenseurs de la cause nationale. Il fut lié d'amitié avec les généraux Ceccaldi, Giafferi et
Hyacinthe Paoli qui lui confièrent souvent des missions importantes dont il s'acquitta toujours avec autant d'intelligence que
de dévouement patriotique. Il présida la consulte générale de
Vescovato du 2 février 1732. Après la signature des préliminaires
du traité de Corte (11 mai 1732) intervenu entre les chefs de la
nation Corse et les représentants de la République Ligurienne, le
commissaire Rivarola le fit soudainement arrêter en même temps
que Ceccaldi et Giafferi sous prétexte de trahison. Conduit à Gênes,
il fut jeté en prison. Cet acte d'arbitraire violent souleva les pro-
testations des Corses qui implorèrent la protection de l'empereur
Charles VI en faveur des prisonniers. Celui-ci fit droit à leurs
légitimes réclamations et les chefs corses furent élargis, mais à
la condition expresse de ne pas rentrer dans leurs foyers. Aitelli
se fixa à Livourne; mais à la nouvelle du soulèvement de 1734,
il revint en Corse, contribua à l'avènement de Théodore auquel il
fit ensuite une vive opposition et mourut à Bastia vers 1758. Il
avait administré pendant quelques années la paroisse de Borgo
en qualité de piévain.

AITONE (la forêt d'). M. Marmocchi, l'appelle avec raison la
forêt classique de l'île; elle est la plus grande et la plus belle de
de toutes celles qui entourent Evisa; ses pins larix ont souvent plus
de quarante mètres de hauteur sur trois mètres de diamètre à la
base. De cette forêt on peut de bois en bois communiquer à une
grande partie des forêts de l'Ile.

AJACCIO *(Adjaccium).* Chef-lieu du département, sur la côte
Ouest. Belle ville pittoresquement assise sur une langue de terre
au fond et au nord du golfe du même nom. Port large et sûr
qui occupe la partie la plus reculée du golfe. Evêché, Séminaires,
Collège Fesch. Belle cathédrale surmontée d'une coupole très-
élégante. Riche bibliothèque, Jardin botanique, Commerce en vins,
huiles, corail. Exportation de bois de construction de navires, de
peaux de chevreau et d'agneau, de cire, de châtaignes, de citrons,
d'oranges. Climat très doux, station hivernale des plus agréables.
— Ajaccio est une ville construite dans le goût italien. Les principales rues légèrement en pente, sont droites, larges, et d'une grande
propreté. On y trouve de belles places publiques, de jolies prome-

nades et quelques beaux édifices. La place du marché est ornée d'une fontaine et de la statue en marbre de Napoléon Ier. Sur la place du Diamant on remarque un beau monument représentant Napoléon et ses frères. La statue du général Abbatucci orne la place de ce nom. Sur la place Letizia, ombragée de quelques acacias on voit la maison de la famille Bonaparte. Les environs d'Ajaccio sont d'une beauté remarquale; on y trouve de magnifiques jardins entre autres le Casone. — L'origine d'Ajaccio paraît remonter à une assez haute antiquité. Suivant Giovanni de la Grossa, annaliste Corse du XVe siècle, cette ville devrait sa fondation à la population échappée à l'incendie d'un Ajaccio que le vieux chroniqueur assure avoir été bâti par Ajax et avoir reçu son nom du héros d'Homère. Selon cette tradition l'antique Ajaccio aurait été situé au fond de la baie sur un monticule où l'on voit encore les restes d'un fort appelé Castel-Vecchio (vieux château). D'après Albert Mirée cité par Renucci, la ville d'Ajaccio serait contemporaine des cités romaines Mariana, Sagona et Nebbio; elle se nommait autrefois *Adjaccium;* mais ce n'est pas comme on l'a cru longtemps l'antique Urcinium qui était bâti sur l'emplacement de l'ancien Ajaccio; elle est au lieu actuel depuis 1492. En 1554 le maréchal de Thermes y fit élever la citadelle qui défend le port. En 1578 les évêques d'Ajaccio qui jusqu'alors n'habitaient pas dans la ville y fixèrent leur résidence. Six ans après le pape Grégoire XIII, y envoya un vicaire apostolique qui fit construire la cathédrale. A l'époque où la Corse formait deux départements, Ajaccio était le chef-lieu du Liamone. — Patrie de la famille Bonaparte, des Masseria, des généraux Courant, Campis, Cataneo, etc. Napoléon y naquit le 15 août 1769, 21,000 habitants.

AJACCIO (arrondissement d'). Il comprend presque tout l'occident de l'île et une faible portion de sa partie centrale. Sa plus grande longueur du Nord au Sud est de 67 kilomètres. Sa plus grande largeur de l'Ouest à l'Est est de 56 kilomètres. Il est borné au Nord par l'arrondissement de Calvi; à l'Ouest et au Sud par la mer; au Sud-Est par l'arrondissement de Sartène, à l'Est et au Nord-Est par celui de Corte. Sa superficie est de 205,403 hectares carrés. Il comprend 12 cantons, 75 communes et 53,463 habitants.

AJACCIO (Golfe d'). Il a plus de 50 kil. de tour; depuis l'extrémité des îles Sanguinaires, jusqu'au cap de Muro; son aspect rappelle un peu le golfe si célèbre de Naples. Il est très profond et comprend dans sa partie Sud un grand nombre d'anses. Il abonde en poissons de toutes sortes et les collines qui l'entourent sont propres à toute espèce de culture. Ce golfe recoît les eaux du Prunelli et de la Gravona et de plusieurs ruisseaux.

ALANDO. Village dans le canton de Sermano (arrondissement de Corte). Il est situé en amphithéâtre sur l'une des belles collines qui s'élèvent en face de Sermano de l'autre côté de la vallée du Fao. — Patrie des deux Sambucuccio. Le couvent d'Alando est resté célèbre par la lutte sanglante dont il a été le théâtre en 1757 dans laquelle Marius Matra fut tué par Thomas Cervoni.

ALATA. Commune du canton de Sari-d'Orcino (arrondissement d'Ajaccio). Patrie du célèbre diplomate Pozzo-di-Borgo.

D'après la légende, un vieux berger d'Alata, tua son jeune fils qui avait trahi pour de l'argent la retraite d'un pauvre déserteur. Ce fait qui, suivant la juste expression d'un auteur contemporain, excite à la fois l'horreur et la pitié, prouve l'austérité excessive des mœurs des anciens Corses.

ALBIANA. Ancienne ville aujourd'hui détruite; suivant Walkenaer elle était située à l'embouchure du Fiumicicoli, sur les bords du golfe de Valinco.

ALERIA. Ancienne ville; était située sur la côte orientale à l'embouchure du Tavignano. M. Marmocchi attribue aux Tyrrhéniens d'Etrurie la fondation d'Aleria fréquentée par les Carthaginois et par les Grecs. Au rapport d'Hérodote, cette ville devrait son origine à une colonie de Phocéens qui serait arrivée en Corse vers l'an 562 avant l'ère vulgaire. Le père de l'histoire nomme cette ville *Alalia* dont par corruption on a fait Aléria. Suivant d'autres auteurs, Aléria aurait été fondée ou agrandie par les Phéniciens. Il est probable que le nom primitif de cette ancienne capitale de l'île était Asteria, ville d'Asterte, principale divinité de la religion phénicienne, car d'après *Calmet, (Dict. Bibl.)* les Phéniciens adoraient la déesse Asterte, Astarte ou Astharoth qu'ils regardaient comme la déesse du ciel, et qui pour nous est la lune. Dans ces derniers temps on a découvert au lieu où se trouvait Aléria une grande pierre, sur laquelle on distinguait encore différents dessins a moitié effacés par la main du temps, mais parmi lesquels il était facile de reconnaître une tête de taureau environnée de signes qui pouvaient être des caractères phéniciens. Les cornes du taureau étaient pour les phéniciens l'image du croissant lunaire. Giacobi suppose que cette pierre qui avait dit-il vingt pouces d'épaisseur sur une longueur de près de quatre pieds, était probablement le portail d'un temple ou de tout autre édifice public. D'un autre côté, l'Asterte des Phéniciens était la même que la *Junon* des Etrusques et des Carthaginois; c'est ce que dit Saint-Augustin *in Judices*. Il est probable que ces peuples navigateurs ont dû avoir un culte spécial pour un astre qui leur était si nécessaire dans leurs entreprises maritimes. Quoiqu'il en soit Aléria est la ville la plus fameuse et la plus anciennement connue de l'île. On ne sait rien relativement à son étendue et au nombre de ses habitants. Les auteurs qui font mention de cette ville ne donnent aucun renseignement à ce sujet; mais il est probable qu'elle a dû être une ville importante par sa population et son commerce. L'étang de Diana qui lui servait de port a dû être fréquenté par les marins de toutes les nations du littoral de la Méditerranée. Les Tyrrhéniens qui au dire de Diodore étaient maîtres de la Corse vers le milieu du Vme siècle, le furent plus probablement d'Aléria qui était le seul lieu important de l'île dans ces temps reculés. On ignore si elle a jamais été occupée par les Carthaginois; cependant il résulte d'un passage de Polybe que peu de temps avant les guerres puniques les Carthaginois s'étaient rendus maîtres de toutes les îles des mers d'Etruric et de Sardaigne et par conséquent de la Corse. Si les Carthaginois ont possédé la Corse ce qui n'est guère prouvé, il est à peu près certain qu'ils ont dû commencer par s'emparer d'Aléria. L'an 260 avant J.-C. les Romains guidés par le consul L. Cornélius Scipion portèrent pour la première fois leurs armes en Corse, prirent Aléria et la détruisirent. L'inscription suivante qui fut retrouvée au milieu des ruines de cette ville, atteste qu'à cette époque l'antique cité phocéenne devait avoir une enceinte fortifiée: *Hec cepit Corsica Aleriaque Urbe.* Sylla y envoya une colonie et la rebâtit. De là vient que Ptolémée lui donna le nom d'*Aleria-Colonia*. On trouve le nom d'Aléria mêlé à tous les évènements dont la Corse fut le théâtre pendant la période romaine et le moyen-âge. Suivant la légende, Hugues Colonna, seigneur romain exilé en Corse par le pape Etienne IV, contre lequel il s'était révolté, enleva la ville d'Aléria aux Maures qui s'en étaient rendus maîtres dans une de leurs expéditions dirigée par un chef ou roi du nom de Nugulon. Erigée en évêché suffragant de l'archevêque de Pise vers 599 sous le pontificat de Saint-Grégoire, capitale de l'île sous les Romains et une partie du moyen-âge, Aléria vit passer depuis les temps les plus reculés jusqu'aux Génois et aux Pisans, une longue suite de dominations sur la mer Tyrrhénienne et d'empires sur les classiques pays dont cette mer baigne les côtes. En 1381, Arrigo della Rocca l'enleva de vive force aux Génois qui s'y étaient fortifiés sous le commandement du gouverneur Lomellino. Aleria paraît avoir existé jusque vers le milieu du XV⁰ siècle, mais elle n'était plus que l'ombre de l'antique cité Phocéenne. On ne trouve pas sur l'emplacement que cette ville a occupé, les nombreuses ruines romaines dont fait mention le *Dictionnaire Larousse;* il ne reste au contraire que de rares vestiges de cette antique capitale de l'île.

ALESANI (l'). Torrent qui arrose le canton de Valle d'Alesani. Il prend sa source dans les montagnes *delle Calvelle* où on l'appelle le torrent de Bosso; mais dans la vallée il porte le nom de *fleuve d'Alesani* et se jette dans la mer après avoir traversé le Campoloro; il a un cours de 22 kilom.

ALESANI. Ancienne piève, tire son nom de l'Alesani; c'est aujourd'hui le canton de Valle d'Alesani. On y trouve un beau couvent célèbre par la consulte qui y fut tenue en 1736, et dans laquelle Théodore baron de Neuhoff, fut proclamé roi de Corse.

ALISO (l'). Torrent qui arrose la vallée du Nebbio. Il prend sa source dans les montagnes de Tenda et se jette à travers des marais dans le golfe de St-Florent après un cours de 20 kilom.

ALGAJOLA. Commune du canton de Muro, arrondissement de Calvi, 300 h. Belle position au centre de la Balagne. Place forte sous les Génois qui y avaient établi un lieutenant. Tout homme dit Filipini qui, pour ses affaires part d'un point quelconque de la Balagne pour aller les traiter à Algajola, peut rentrer le soir chez lui. On y trouve du beau granit qui porte son nom et qu'on y embarque pour l'exporter; c'est d'un bloc de ce granit qu'est fait le soubassement de la colonne Vendôme à Paris.

ALISTA. Anc. ville aujourd'hui détruite et qui n'a pas laissé de traces ; les auteurs ne s'accordent pas sur sa position géographique. Cluvier la place sur les bords du golfe de Portovecchio ; Walkenaer à la pointe de la Fantea au nord de Pinarello ; Gregory sur l'étang de Biguglia.

ALONIA. Anc. ville aujourd'hui détruite ; on suppose qu'elle était située dans l'ancienne piève de Rogna, dont le territoire correspond aux cantons de Piedicorte-di-Gaggio et de Serraggio. Le nom d'Alonia viendrait d'*Alon* ou *Alonim* qui, dans la langue phénicienne signifie d'après Bochart *Dieu* ou *Dieux*. Cette ville insulaire aurait donc porté un nom saint.

ALUCA. Anc. ville sur la position géographique de laquelle on n'a que des données incertaines ; on suppose généralement qu'elle était bâtie dans la vallée du Liamone à quelques kilomètres des ruines du château des Leca.

AMPUGNANI. Nom d'une ancienne piève dont le territoire forme aujourd'hui le canton de Porta.

ANDREI (ANTOINE-FRANÇOIS) l'abbé, né à Moïta en 1733, fit ses premières études en Corse à l'école des moines du couvent de la piève *di Serra*. Ses parents l'ayant destiné à la carrière ecclésiastique, il fut ordonné prêtre par monseigneur de Guernes, évêque d'Aleria. Il quitta peu de temps après la Corse, se rendit en Italie pour compléter ses études à l'Université de Padoue où il ne tarda pas à occuper une chaire de professeur. Il obtint plus tard au concours le poste de secrétaire d'ambassade auprès de l'ambassadeur de la République de Venise à la cour de Londres. Pendant son séjour dans la capitale de l'Angleterre, il devint membre de plusieurs sociétés savantes. A cette époque, le général Paoli habitait Londres où il s'était réfugié après la défaite de Pontenovo. La haute réputation dont l'abbé Andrei y jouissait attira l'attention de l'ancien chef des Corses qui demanda à le voir. Paoli lui adressa les plus grands éloges et dans la suite l'honora de sa confiance. Andrei fut plus tard attaché à l'ambassadeur de Berlin où il captiva bientôt l'attention et la bienveillance du comte d'Hertzberg, alors ministre d'État du grand Frédéric. En 1789, Andrei se rendit à Paris et dut à ses capacités littéraires de devenir compositeur à l'opéra-bouffe du théâtre de Monsieur. Il fut ensuite nommé directeur de ce même théâtre, ce qui attira sur lui l'attention de la haute société parisienne. Il se montra zélé partisan des idées libérales qui agitaient à cette époque la société française. En 1791, il fut par ordonnance royale envoyé en Corse comme commissaire civil, conjointement à Louis Monestier, à l'effet de rétablir l'ordre dans l'île et d'y réorganiser les diverses administrations. Andrei s'acquitta avec succès de cette importante et difficile mission. A son retour il fut complimenté par Louis XVI qui lui fit cadeau d'un service de table que sa famille conserve toujours. Envoyé comme député à la Convention par les électeurs de Corte (1792), il siégea parmi les Girondins et vota dans le procès du roi l'appel au peuple et le sursis. Il défendit dans cette assemblée son compatriote et ami le général Paoli, contre les accusations de Marat, d'Escudier et de Cambon. Décrété d'accusation dans la fameuse séance du 3 octobre 1793, conjointement à 72 de ses collègues, il ne dut son salut qu'à la Révolution du 9 thermidor. Il siégea ensuite au conseil des Cinq-Cents. Rentré dans la vie privée, il se rendit au sein de sa famille en Corse et y fut nommé curé de Moïta où il mourut en 1815.

APRAMA (Évêché d'). Il paraît qu'un évêché de ce nom aurait existé dans l'île en même temps que ceux d'Aléria, de Mariana, de Sagona, de Nebbio, d'Ajaccio, et d'Accia. L'abbé de Germanes le cite dans son *Histoire des Révolutions de Corse*, d'après un ouvrage intitulé: *Notizia Ecclesiarum Urbis et Orbis Episcope Catharensi edita*. Les historiens n'en font pas mention, pas plus que de celui de Bruma, également cité par Germanes, toujours d'après la *Notizia ecclesiarum*. On ne trouve pas trace de ces deux évêchés dans les documents relatifs aux diocèses de l'île.

ARADIS. Ancienne ville aujourd'hui détruite. Sa position géographique n'est pas connue; elle ne figure pas parmi les villes mentionnées par Ptolémée dans sa description de l'île. D'après Dion, la ville d'Aradis aurait seule résisté à Ménas lorsque cet affranchi de Sextus Pompée enleva la Corse à Octave et la soumit à la puissance de son maître.

ARREGNO. Dénomination d'une ancienne piève qui comprenait le territoire des cantons d'Algajola et de l'Ile-Rousse en Balagne.

ARREGNO. Village de la Balagne dans le canton d'Algajola, autrefois chef-lieu de la grande piève à laquelle il avait donné son nom. On y remarque une église demi-ruinée, la *Trinité d'Arregno*, qui est une des plus anciennes de l'île (XIIIᵉ siècle).

ARENA (JOSEPH), né à Patrimonio, d'une famille des plus honorables du Nebbio, embrassa la carrière des armes et parvint rapidement au grade d'officier supérieur. Prit part au siège de Toulon en qualité d'adjudant général, se fit remarquer par son énergie et l'exaltation de ses principes républicains; fut nommé général de brigade, conspira contre Napoléon avec Cerracchi, Diana, Topino, Lebrun et Demerville, fut condamné à mort et exécuté.

ARENA (BARTHÉLÉMY), frère du précédent, prit une part importante aux affaires publiques de l'île au début de la Révolution française dont il se montra partisan enthousiaste dès les premiers jours. Fit partie de l'assemblée primaire d'Orezza (1790), contribua beaucoup aux décisions qui furent prises par ladite assemblée, fut chargé par la Convention de surveiller l'expédition de Sardaigne en qualité de commissaire; remplit pendant quelque temps en Corse les fonctions de procureur syndic, dénonça Paoli à la Convention, siègea au conseil des Cinq-Cents, s'opposa énergiquement à Bonaparte au 18 brumaire, resta fidèle à ses opinions politiques et mourut en 1833 à Livourne où il s'était retiré.

ARRIGHI (ANTOINE), professeur de jurisprudence à l'Université de Padoue, né à Corte vers 1690, est l'auteur d'un ouvrage remarquable sur la juridiction des pontifes romains, ainsi que de plusieurs traités de jurisprudence. Il fut un des examinateurs du premier auteur comique de l'Italie, le célèbre Goldoni, qui en parle avantageusement dans ses mémoires. Il mourut en 1741.

ARRIGHI (JEAN-THOMAS DE CASANOVA) général, duc de Padoue, né à Corte en 1778, commença très-jeune sa carrière militaire; sous-lieutenant dans une des compagnies recrutées en Corse, il suivit Joseph Bonaparte en Italie, devint plus tard son secrétaire d'ambassade à Parme et à Rome, et fut à son retour nommé aide-de-camp du général Berthier. Il fit la campagne d'Egypte, se signala à la bataille de Salahieh et fut nommé capitaine. Dut à sa bravoure et à son intelligence remarquable d'être appelé au commandement des grenadiers d'élite à la tête desquels il se distingua à l'assaut de Jaffa; fut blessé au siège de Saint-Jean-d'Acre Combattit à Marengo, où il se fit remarquer par son courage,

fut promu au grade de chef d'escadron, puis nommé colonel du
1er régiment de dragons. Il se signala à Austerlitz, fut appelé au
commandement des dragons de la garde impériale, contribua au
succès de la journée de Friedland et reçut en récompense le
grade de général de brigade et le titre de duc de Padoue. Il fit
en cette qualité la campagne d'Espagne (1808); suivit Napoléon en
Autriche, reçut les épaulettes de général de division le lendemain
de la fameuse bataille d'Essling et fut placé à la tête de la 3me
division des cuirassiers avec laquelle il se signala à Wagram où
il courut les plus grands dangers. Appelé au commandement
du 3me corps de cavalerie, il se distingua à la bataille de Leipzig.
Pendant la campagne de France, à la tête d'un corps d'infanterie
de 6000 hommes, il protégea la retraite du duc de Trévise et
soutint de pied ferme les charges de la cavalerie russe commandée
par le grand duc Constantin; sous les murs de Paris, il eut un
cheval tué sous lui: après la première abdication de l'empereur,
il se retira à la campagne renonçant à toute espèce de rôle militaire et politique et fut décoré de St-Louis. A la restauration de
l'empire, Napoléon le nomma gouverneur de la Corse. Il émigra
après Waterloo et ne rentra en France qu'en 1819. Il fut mis à
la retraite en 1839. Député de la Corse à l'Assemblée législative
de 1849, élevé à la dignité de sénateur en 1852; gouverneur des
Invalides; mort en 1853.

ARRIGO-COLONNA (le comte), dit le *Bel Messére* (beau
Monsieur) à cause de sa beauté et de ses vertus, descendait en
ligne directe du comte Hugues Colonna, seigneur Romain exilé
en Corse par le pape Etienne II, duquel il reçut plus tard la souveraineté de l'île en récompense de ses exploits contre les Sarrasins.
Tous les historiens font l'éloge de l'administration du Bel Messére;
aussi était-il profondément aimé de son peuple auquel il fut en-
levé par un crime atroce. Le comte Forte de Cinarca prétendait
que les châteaux de Cauro et de Tralaveto ressortaient de sa juridiction. Les seigneurs de Tralaveto repoussaient les prétentions
du comte Forte. Les deux parties convinrent de s'en remettre à
l'arbitrage du Bel Messére pour vider le différend. Celui-ci se
rendit sur les lieux qui faisaient l'objet du litige; mais les Trala-
vetins craignant que la sentence ne leur fut pas favorable le
firent assasiner avec ses six enfants. Ce crime plongea la Corse
dans une effroyable anarchie (828).

ARRIGO D'ATTALA, fils naturel de Giudice de la Rocca, reçut de son père le domaine d'Attalà dont il prit le nom. Ambitieux, énergique, il soutint pendant quelques années une lutte sanglante contre ses frères Ugolino et Salnese qui aspiraient comme lui à la domination de l'île, et mourut vers 1343 sans avoir pu réaliser le projet qu'il avait formé de s'emparer du pouvoir et de continuer l'œuvre de son père.

ARRIGO D'ISTRIA. Seigneur feudataire de la partie ultramontaine de l'île, s'unit à Guillaume de la Rocca dont il servit les intérêts en l'aidant dans la lutte que celui-ci eut à soutenir contre les seigneurs révoltés. Il se signala par sa bravoure au siège du château de Cinarca où Guillaume avait contraint ses principaux ennemis à se réfugier après les avoir battus dans plusieurs rencontres. Il se brouilla ensuite avec son allié et passa en Sardaigne où il fut tué vers 1349.

ARRIGO DE LA ROCCA (le comte). Seigneur de Cinarca était fils de Guillaume de la Rocca. Il entreprit de poursuivre la guerre de délivrance dans laquelle son père avait trouvé la mort, mais la fortune ne sourit pas à ses premières tentatives et il fut forcé de s'expatrier. Il se réfugia en Espagne où il offrit son épée au roi d'Aragon. Rentra en Corse en 1392, souleva le peuple et tailla en pièce l'armée génoise dans une bataille près de Cinarca. Proclamé comte de l'île par l'Assemblée générale de Biguglia, il gouverna quelques années avec justice et modération; mais il devint ensuite despote et persécuta tous ceux qui lui portaient ombrage; il s'aliéna ainsi une partie de ses fiers compagnons et une révolte éclata contre lui. Les premiers à s'insurger furent les seigneurs du Cap-Corse et Gênes les encouragea dans la voie de la rébellion: Arrigo n'en sortit pas moins victorieux de cette lutte. Il accepta ensuite les propositions de paix des Génois et signa un traité en vertu duquel il fut admis au nombre des gouverneurs de la *Maona*. Mais peu de temps après, ayant reconnu la mauvaise foi des Génois dans l'observation dudit traité, il reprit les armes, fut vaincu, dut repasser en Espagne, en revint peu de temps après avec des secours en hommes et en argent que lui fournit le roi d'Aragon dont il portait les armes sur sa bannière, prit Aleria, défendue par une forte garnison de Génois et remporta plusieurs autres avantages à la suite desquels il rétablit son autorité dans l'île. Il fut plus tard battu par Raphaël Montalto, dut se renfermer dans ses domaines et mourut de mort subite à Vizzavona où il se préparait à recommencer la guerre (1401). Des historiens attribuent sa mort à un empoisonnement. Arrigo fut l'un des plus brillants champions de l'indépendance de la Corse.

ASCO (l'). Affluent du Golo. Il prend sa source au mont Cinto, une des montagnes les plus élevées de l'île, et grossi de la Tartagine, se jette dans le Golo sur la rive gauche, près de *Ponte-alla-Leccia;* son cours est de 29 kilom. Anciennement l'Asco portait le nom de *Caccianinco.*

ASCO. Commune du canton de Castifao; est située sur la partie la plus élevée de la vallée arrosée par le torrent du même nom. Renommée pour l'abondance et la qualité de son miel. On y trouve d'excellents pâturages qui nourrissent de nombreux bestiaux. Pop. 900 habitants.

ATTALA. Dénomination d'une ancienne piève dont le territoire forme le canton de Ste-Lucie de Tallano dans l'arrondissement de Sartène.

AUREUS (Monts). Il n'est pas certain que Ptolémée ait voulu désigner sous ce nom une montagne proprement dite dans le centre de l'île comme par exemple, le Mont-Rotondo ou le Mont-d'Oro. D'après M. Marmocchi, cette dénomination s'appliquerait à toute la partie de la chaîne principale de l'île qui forme les Alpes Corses.

B

BACIOCCHI (Félix-Pascal). Général, beau-frère de Napoléon Ier, né à Ajaccio en 1762, embrassa la carrière militaire et parvint rapidement au grade d'officier supérieur. Il prit part aux guerres de la Révolution, se distingua par sa bravoure dans les combats et fut nommé général de division en 1796. Il épousa l'année suivante Elisa Bonaparte, sœur de Napoléon. Fait sénateur en en 1804, Prince de Lucques et de Piombino en 1805. Mais sa femme eut seule le gouvernement du grand-duché de Toscane dont elle fut constituée souveraine en 1808. A la chute de l'Empire il fut obligé de s'expatrier; et alla se fixer en Autriche. Il rentra en France après la mort de sa femme et mourut à Boulogne en 1841.

BAGLIONI (PIERRE). Célèbre patriote né à Calvi vers 1364. Il souleva ses concitoyens contre les tyrans qui opprimaient sa patrie, et déjoua le projet qu'ils avaient formé de livrer par trahison et à prix d'or Calvi aux mains des Aragonais (1400). Il dut à cette éclatante action patriotique le surnom de *Libertà* qu'il transmit à ses descendants.

BAGNAJA Anc. village, qui fut détruit pendant les guerres contre les Génois, Il faisait partie de la piève d'Orto et était situé à peu de distance et au sud de Bastia. Il était le lieu de résidence d'une riche et puissante famille seigneuriale de ce nom.

BAGNAJA (les). Anc. famille seigneuriale qui habitait le village de Bagnaja, d'où elle tirait son nom. Les seigneurs de Bagnaja étaient des plus riches de la Corse et jouissaient d'une grande influence dans quelques-unes des pièves du deçà des monts, principalement dans celles d'Orta, de Nebbio et de Marana où ils possédaient la plus grande partie de leur fortune. Ils étaient ennemis de la domination génoise et lorsque Giudice de la Rocca vint en Corse pour y commander au nom des Pisans, ils embrassèrent son parti et eurent quelque part à son triomphe. Muratori cite dans ses *Annales d'Italie* quelques actes de donation faites par les seigneurs de Bagnaja à la République de Pise. Après la destruction du village de Bagnaja ils vinrent s'établir dans la piève de Marana, à Lucciana où leurs descendants y sont connus sous le nom de *Bagnaninchi*.

BALAGNE. Dénomination de la portion la plus peuplée et la plus fertile de l'arrondissement de Calvi et qui est située à l'est de cette ville. Elle est surtout riche en oliviers. Généralement on étend cette dénomination à tout l'arrondissement de Calvi.

BALDASSARI (JACQUES DE), né à Furiani d'une des plus anciennes familles de la piève de Marana, servit d'abord comme officier dans le régiment Royal-Corse. Il donna ensuite sa démission et rentra en Corse où le général Paoli qui avait apprécié son mérite le nomma colonel d'un des deux régiments de troupes régulières dont la création avait été décrétée par la consulte générale de Corte du 24 novembre 1762. Patriote ardent, doué des plus brillantes qualités du soldat et du citoyen, Baldassari compta parmi les plus valeureux champions de l'indépendance nationale. Il mourut en 1764 (voy. dans la *Raccolta* de Tomaseo la lettre de Paoli au sujet de la mort de Baldassari.

BARRACINI (Château de). Il fut bâti par les seigneurs de la Rocca et s'appela d'abord Castelnovo, ce qui fait supposer qu'il avait été élevé sur les ruines ou dans le voisinage d'un château plus ancien. La veuve de Guillaume de la Rocca y étant morte empoisonnée avec toutes les personnes de la maison par suite d'un accident, il prit à cette occasion le nom de *Barricini, de Bara* (cercueil) et fut bientôt après détruit par les habitants de la contrée qui se formèrent en commune.

BARBAGGI (JOSEPH), né à Murato d'une des plus honorables familles du Nebbio, fut à l'âge de 26 ans remarqué par le général Paoli qui se l'attacha en lui donnant en mariage sa nièce, fille de Clément Paoli son frère. Devenu veuf peu de temps après, Barbaggi épousa Mlle Zerbi d'Oletta. De ce mariage fut issue une fille devenue plus tard la comtesse de Rivazola. Barbaggi prit part à toutes les affaires du pays; il fut directeur des finances de la Nation. Lorsque la domination française remplaça le Gouvernement national, le général français qui commandait en Corse, voyant dans Barbaggi le représentant le plus puissant du parti de Paoli et de l'ancienne nationalité Corse, crut frapper un grand coup en ordonnant son arrestation. Conduit à Toulon, il fut enfermé dans la grande tour où il languit misérablement pendant plusieurs années. Devenu libre, il se réfugia en Toscane. Sa femme venait de mourir et tous ses biens avaient été confisqués. Il fit un troisième mariage qui améliora considérablement sa position de fortune. La Révolution lui ouvrit les portes de la patrie. Il avait l'espoir fondé d'être envoyé par ses compatriotes à l'assemblée législative, quand il fut frappé de mort subite à Corte. (1791).

BASTELICA. Chef-lieu de canton dans l'arrondissement d'Ajaccio; c'est le village le plus considérable de la Corse; il est bâti au pied du Mont d'Oro et se compose de six villages ou bourgs qui se groupent de deux en deux; son territoire comprend une grande partie de la surface de l'antique pième de Cauro, et s'étend presque jusqu'au golfe d'Ajaccio. Patrie de Sampiero 4000 habitants.

BASTELICA (canton de). Il est formé de l'ancienne pième de Cauro, et son territoire occupe une superficie de 27,708 hect. Il est entouré de tous côtés de hautes montagnes et de bois étendus. La principale ressource de ses habitants est le bétail. Comprend cinq communes: Cauro, Tolla, Eccica-Suarella, Ocana, et le chef-lieu. Superficie 24,708 hect. 3000 habitants.

BASTIA. *(Mantinum).* Chef-lieu d'arrondissement bâtie en amphithéâtre sur le bord de la mer au lieu où s'élevait autrefois l'antique Mantinum. Port commerçant. Place de guerre, Cour d'Appel, Lycée, Ecole d'hydrographie, Bibliothèque. Exportation de fonte, de fer, de bois de construction, de vin, de chataignes, d'huiles d'olive, de cédrats, de citrons, de poissons frais, d'anguilles de l'étang de Biguglia. Fabriques de pâtes d'Italie. Tanneries. Bastia a la physionomie des villes du moyen-âge et présente un aspect très animé du côté de la mer et du côté nord. Les maisons y ont presque toutes cinq et six étages. Les anciennes rues sont en général irrégulières et étroites, mais toutes pavées; les nouvelles rues, longues, assez régulières, et garnies de trottoirs, telles que la Traverse, la nouvelle Traverse, la rue de Cardo, offrent un coup-d'œil très agréable et rappellent les belles rues des villes Toscanes. On trouve à Bastia plusieurs places publiques dont quelques-unes plantées d'arbres. La place St-Nicolas sur le bord de la mer est ornée d'une statue en marbre de Carrare représentant Napoléon 1er empereur et due au ciseau de Bartolini. En fait d'édifices publics, Bastia possède un beau Palais de Justice avec colonnes en marbre de Corte, un Hôtel de ville sans aucun caractère, un beau Théâtre de construction récente, deux Églises, Ste-Marie dans la ville neuve, St-Jean dans la vieille ville, construites dans le goût italien, décorées avec beaucoup de luxe, mais totalement dépourvues d'objets d'art. Les environs de Bastia, plantés d'oliviers, de citronniers, d'orangers, de vignes, peuplés de jolies maisonnettes de campagne offrent en beaucoup d'endroits un aspect pittoresque. La fondation de Bastia ne re-

monte pas au-delà du XIVe siècle. A cette époque on ne voyait
au fond du petit port de Bastia que quelques pauvres maisons et
magasins qui dépendaient du village de Cardo, et portaient le nom de
Porto-Cardo. Le gouverneur génois Leonello-Lomellino chassé de
Biguglia par Henri de la Rocca, jeta en 1383, les fondements du
donjon qui domine le vieux port et en défend l'entrée. De nou-
veaux établissements s'y formèrent bientôt et reçurent le nom de
Terra-Nova (nouvelle ville). Les habitants de Porto-Cardo furent
nommés Terra-Vecchia (vieille ville). En 1480, Thomasin Frégose
fit entourer Terra-Nova de murs. Il est probable dit un auteur
que ce fut à cette époque que le nom de Bastia (bastion, rempart,
boulevard) fut donné à Terra-Nova. Suivant Renucci le nom de
cette ville viendrait d'un bastion qui dès l'origine défendait l'entrée de l'anse. Sampiero s'en rendit maître en 1553. Fut reprise
l'année suivante par San-Donato de Leva, lieutenant d'André Doria.
En 1745, elle fut bombardée et prise par les Anglais qui la rendirent aux Génois la même année. Capitale de l'île sous la domination génoise, Bastia continua à jouir de cet avantage après la
réunion de l'île à la France. En 1794, elle fut prise par les Anglais après un siège de deux mois brillamment soutenu par le
général de Gentile. En 1796, elle fut reprise par les Français
sous la conduite du général Casalta. Les Anglais y rentrèrent en
1814, et le général Montrésor l'occupa pendant près de deux mois
au nom du gouvernement Britannique; mais il l'abandonna à la
nouvelle que le commissaire du roi devait arriver. En 1797, l'île
ayant été divisée en deux départements, Bastia resta le chef-lieu
du département du Golo, jusqu'en 1811, époque où les deux départements ayant été réunis, elle perdit sa suprématie politique. Mais
par son commerce, par son industrie, sa richesse, le nombre de
ses habitants, sa civilisation, Bastia est la ville la plus importante de la Corse. Un service régulier de bateaux postaux la met
en relation directe avec Marseille, Nice et Livourne. Bientôt une
ligne de chemin de fer la reliera à Ajaccio, Corte, Sartène et
Bonifacio. — Patrie des généraux Bonavita, Caraffa, Carbuccia,
Galeazzini, Franceschi, Juchereau de Saint-Denis, du cardinal
archevêque Viale-Préla, du poëte Viale, etc. Pop. 28,000 habitants.

BASTIA (arrondissement de). Il comprend toute la partie
septentrionale de l'île; sa superficie est d'environ 136,210 hect.
Il renferme les contrées les plus belles, les mieux cultivées et

les plus riches de la Corse. L'arrondissement de Bastia compte 20 cantons et une population d'environ 74,000 habitants.

BELFIORITO. Nom primitif de Vescovato. — Dans la seconde moitié du XIIIe siècle, un évêque de Mariana — probablement *Opizo Pernice* de la famille des *Cortinco* — qui avait d'abord fixé sa résidence à Corticato, vint fonder non loin de ce lieu, sur une colline rocheuse, située entre deux torrents, un château qui fut appelé *Belfiorito*, vraisemblablement à cause de la beauté du site. Une église dédiée à St-Martin fut bâtie à côté de la demeure épiscopale. Quelques maisons s'élevèrent bientôt en ce lieu et donnèrent naissance à un important village auquel la résidence des évêques fit ensuite donner le nom de Vescovato. (Voy. ce nom).

BERNARDINO. Moine de l'ordre des Capucins, né dans le Casacconi, fut un des théologiens qui à l'assemblée d'Orezza de 1729, déclarèrent que la guerre entreprise par les Corses contre les Génois était légitime. Fait prisonnier dans un combat aux environs de Bastia, il eut à subir les plus mauvais traitements de la part des Génois; on l'avait exposé sur la place publique de Bastia; il s'écria en s'adressant à la foule rassemblée autour de lui: « Oui, la guerre que fait la nation est très juste; je suis un des premiers qui l'aient déclarée telle dans le congrès; et pour prouver que je sais tout souffrir pour la patrie et la justice, je le répète ici sans crainte: oui, la guerre est très juste. » Il fut transporté à Gênes, et enfermé, puis rendu à la liberté à la sollicitation du pape.

BEVINCO. Torrent qui prend sa source dans les montagnes de Tenda, coule entre Murato et Rutali et se jette dans l'étang de Biguglia après un cours de 24 kilom.

BIADELLI (ANTOINE). Colonel, né à Bastia d'une famille d'ancienne noblesse, remporta ses premiers grades en Afrique où il fut blessé par les Arabes. Il était capitaine en 1853. On le retrouve en 1855 et 1856 sur le sol de la Crimée. Commandant du 9e bataillon de chasseurs à pied en 1863; lieutenant-colonel du 3e voltigeurs de la garde en 1869, c'est avec cette troupe d'élite qu'il fit la douloureuse campagne de Metz. En rentrant de captivité il vint à Versailles apporter le secours de son épée au gouvernement de son pays. Cité pour sa brillante conduite à la prise du fort d'Issy, qu'il enleva avec le 3e de marche et où il entra le premier, il fut placé à la tête de ce régiment comme colonel le 10 mai 1871. Quelques jours après il tombait grièvement blessé dans Paris devant la barricade de la rue Cujas. Il fut nommé le 8 juillet 1871 au commandement du 69° de ligne. Il était officier de la Légion-d'honneur et chevalier de l'ordre des St-Maurice et Lazare. Le colonel Biadelli était gendre du sénateur comte Xavier de Casabianca, ancien ministre de Napoléon III. Raphaël Biadelli, frère du colonel est mort glorieusement pendant la guerre de 1870 à la bataille de Wœrthe.

BIGORNO. Ancienne piève dont le territoire correspond au canton de Campitello dans l'arrondissement de Bastia.

BIGUGLIA. Village du canton de Borgo était la capitale de l'île sous les Pisans et les Génois avant l'existence de Bastia. L'étang qui est au-dessous était alors ouvert à la mer et lui servait de port. En 1372 les nationaux commandés par Henri de la Rocca l'enlevèrent aux génois. Plus tard Vincentello d'Istria y établit pendant pendant quelque temps le siège de son gouvernement. En 1457, François Montalto, qui avait été envoyé en Corse par le duc de Milan, s'en empara.

Ce fut dans la plaine de Biguglia que les nationaux réunis au nombre d'environ 10,000 venus de tous les points de l'île élurent pour leurs chefs, Ceccaldi et Giafferi (1729); mais depuis ce temps Biguglia a grandement déchu: cette ancienne capitale de l'île n'est plus qu'un pauvre village qui compte à peine trois cents habitants; l'air y est malsain par suite des émanations de l'eau saumâtre de l'étang.

BIGUGLIA ou CHIURLINO (étang de). Il s'étend tout le long de la plaine de Marana et occupe une superficie de 1800 hectares. Sa profondeur est de 3 à 4 mètres. Lorsque ses eaux sont claires on voit une route empierrée qui le traverse dans toute sa largeur vers l'embouchure du Bevinco, preuve qu'à une certaine époque cet étang n'avait pas l'étendue qu'il présente aujourd'hui. Il communiquait autrefois avec la mer par une ouverture que les sables ont comblée, et servait de port à la petite ville qui lui a donné son nom. L'étang de Biguglia était anciennement une propriété communale des pièves d'Orto et de Marana. Plus tard des familles seigneuriales s'en disputèrent la possession. Après la conquête de la Corse par la France, il fut donné

en [fief]par le roi Louis XVI au comte Mathieu de Buttafoco.
Mais le gouvernement de la République l'en déposséda et il
fut vendu à M. Viale de Bastia pour une somme de 75,000 fr.
en assignats. Il est devenu plus tard la propriété de plusieurs
individus. L'étang de Biguglia est très poissonneux et donne un
revenu considérable, mais son influence délétère se fait sentir
dans ses environs, principalement à Biguglia, Furiani et Borgo.

BLATONI. Nom sous lequel Ptolémée désigne l'un des peuples qui à cette époque habitaient les contrées montagneuses de
l'intérieur de l'île.

BOCOGNANO. Chef-lieu de canton dans l'arrondissement
d'Ajaccio (2,800 hab.). Le canton de Bocognano a 5 communes
savoir: Carbuccia, Tavera, Ucciani, Vero et le chef-lieu.

BONACORSI (AUGUSTE), fut membre de la Junte de guerre
et de défense sous le généralat de Paoli. Officier de grand mérite,
d'une bravoure égale à son patriotisme, il assista à presque tous
les combats que les nationaux livrèrent aux troupes génoises
pendant la dernière période de la guerre de l'indépendance. Blessé
mortellement à la défense de Furiani le 18 juillet 1763, il fit cette
réponse sublime aux soldats qui s'approchèrent pour le relever:
« Marchez, combattez, aidez vos compatriotes à chasser l'ennemi;
vous ramasserez les blessés après. »

BONAPARTE (*Maison des*). La généalogie de cette famille a
donné lieu à de nombreuses recherches et à des conclusions
diverses. Selon toute apparence elle procédait de l'antique maison
des Cadolinges d'origine Longobarde. On trouve pour la première
fois le nom de Bonaparte à Trévise vers la fin du XIIe siècle; c'est
d'abord un surnom donné à Jean descendant des familles Ugo et
d'Orgnano qui, dans la ligue lombarde, avait suivi le bon parti
(Bona parte). Ce nom reste à la famille de Jean Ier qui jouit de la
plus grande célébrité pendant tout le temps que le municipe de
Trévise demeura indépendant. Un descendant de Jean Ier émigre
à Florence vers 1250. C'est de lui que descend une branche des
Bonaparte de Florence et de San-Miniato. Pendant tout le moyen-
âge, les Bonaparte de Trévise et plus tard ceux de Florence et de
San-Miniato, occupèrent de grandes positions. La famille Bonaparte
fut mêlée aux luttes qui déchirèrent l'Italie à l'époque des Guelfes

et des Gibelins. En 1490, un Bonaparte du nom de François, de la branche de Florence et de San-Miniato, se transporta en Corse: c'est le chef des Bonaparte d'Ajaccio. Voici le tableau généalogique des membres de cette famille à partir de Charles Bonaparte, père de Napoléon Ier.

Charles BONAPARTE. Juge au Tribunal d'Ajaccio, né dans cette ville en 1746, épousa en 1764 Lœtizia Ramolino, une des femmes les plus remarquables de son temps par sa beauté, son courage, et la dignité de son caractère. Charles Bonaparte fut un des principaux chefs du delà des monts pendant la dernière guerre de l'indépendance. Il se signala à la bataille de Pontenovo. Après la conquête, il fut traité avec beaucoup d'égards par le général de Marbeuf, à la protection duquel il dut l'obtention d'une bourse pour le jeune Napoléon qui entra à l'école militaire de Brienne. En 1779, Charles Bonaparte fut envoyé aux États-Généraux de Versailles, comme député de la noblesse Corse; il mourut à Montpellier en 1785; il a eu 5 fils et 3 filles qui sont:

Joseph, né le 7 janvier 1767, roi de Naples, roi d'Espagne, épousa Julie Clary; mort en 1844. Ses enfants sont: Charlotte-Zénoïde-Julie née en 1801, qui épousa son cousin Lucien prince de Musignano; Charlotte née en 1802, qui épousa Charles-Napoléon-Louis, deuxième fils de Louis Bonaparte.

Napoléon, né le 15 août 1769, général de l'armée d'Italie en 1796, premier consul en 1799, empereur des Français en 1804, mort le 5 mai 1821, épousa Joséphine de La Pagerie, veuve du vicomte de Beauharnais, morte en 1814, et Marie-Louise, archiduchesse d'Autriche, morte en 1847. De ce mariage est né Napoléon-François-Charles-Joseph, roi de Rome, né le 20 mars 1811, mort à Vienne en 1832.

Lucien, né en 1775, prince de Canino, épousa en premières noces Christine Boyer, en secondes noces Alexandrine de Bleschamps; mort en 1840. Ses enfants sont: Charles-Lucien, prince de Canino et de Musignano né en 1803; Louis-Lucien né en 1813; Pierre-Napoléon né en 1815; Antoine né en 1816, et six filles dont cinq mariées: au prince Gabrielli; à lord Dudley-Stuart; à Mr Vise; au comte Vincent Valentini; au marquis Honorati. De Charles-Lucien, prince de Canino, sont nés: Joseph-Lucien en 1824; Lucien-

Louis en 1828; Napoléon-Grégoire en 1839; Charles-Albert en 1843, et six filles.

Élisa, née le 3 janvier 1777, grande duchesse de Toscane, épousa le prince Baciocchi, prince de Lucques et de Piombino; morte en 1820. Sa fille Napoléone-Élisa, épousa le comte Camirata.

Louis, né le 2 septembre 1778, mort le 25 juillet 1846, roi de Hollande, épousa Hortense de Beauharnais, fille de Joséphine. Ses enfants sont: Napoléon-Charles, mort en 1807; Napoléon-Louis, mort en 1831. Charles-Louis-Napoléon, né le 20 avril 1808, empereur des Français sous le nom de Napoléon III, mort à Londres en 1873, marié en janvier 1853 à l'impératrice Eugénie. De ce mariage est né le 16 mars 1856, Napoléon-Eugène-Louis-Jean-Joseph, prince impérial, tué au Zoulouland le 2 juin 1879.

Pauline-Marie, née en 1780, princesse de Guastalla, épousa le général Leclerc et le prince Borghèse.

Caroline, née en 1782, épousa Murat, roi de Naples. Ses enfants sont: Achille-Napoléon Murat; Lucien Murat, Lœtizia, mariée au comte Pepoli, Louise mariée au comte Rasponi.

Jérôme, roi de Wesphalie, né le 15 novembre 1784, mort en 1861, marié à Catherine, princesse de Wurtemberg. Ses enfants sont: Jérôme époux de Suzanne May de Baltimore, en 1829. Le prince Jérôme-Napoléon né en 1814, époux de la princesse Clotilde, fille de Victor-Emmanuel, roi d'Italie; la princesse Mathilde née en 1820.

BONAVITA (JOSEPH), général, né en 1743 à Bastia, d'une ancienne famille de cette ville, servit d'abord dans le Royal-Italien, puis dans le Royal-Corse. Il était sous-aide major en 1770 dans le régiment Buttafoco. Il obtint l'année suivante, les épaulettes de lieutenant des grenadiers, fut nommé en 1772 aide-major du régiment Provincial-Corse avec le rang de capitaine, puis major (1775). Il fut du nombre des Corses marquants de cette époque qui se rallièrent franchement au gouvernement français, auquel il rendit dans cette circonstance, des services importants. Prit part à la campagne de Minorque (1756-1762) et s'y fit remarquer. Réformé avec le corps en 1791, il dut aux solides qualités militaires qui le distinguaient d'être placé peu de temps après à la tête du 42ᵉ régiment d'infanterie de ligne. Il passa ensuite colonel du 24ᵉ. Promu général de brigade en mai 1793, il fit partie de l'armée des côtes de la Rochelle et commanda une subdivision aux îles de Noirmoutiers, de Ré et d'Oléron. Le général en chef de Biron ayant été suspecté d'entretenir des rapports avec les anglais qui avaient bloqué la Rochelle, il fut lui-même arrêté avec son supérieur; mais il n'eut pas de peine à se justifier et reprit ses fonctions. Après sa réforme le général Bonavita se retira à Bastia au sein de sa famille. Il mourut en 1801 dans cette ville et fut inhumé dans la nef principale de l'église Ste-Marie.

BONIFACIO. Petite ville sur le détroit dit: *Bocca di Bonifacio* à l'extrémité sud de l'Ile. Forte citadelle. Port bon et commode. Pêche de corail. Bâtie en amphithéâtre sur un rocher calcaire à couches horizontales à environ 60 mètres au-dessus du niveau de la mer; c'est la place la plus importante de l'île. Fondée par un lieutenant de Charlemagne, le comte Boniface marquis de Toscane en 830. Les Génois l'enlevèrent par surprise aux Pisans à l'époque de l'antagonisme qui s'éleva entre ces deux républiques. En 1213 les Pisans et les Génois ayant reconnu le pape Honoré pour arbitre remirent cette ville au St-Siège. On ne sait pas précisément à quelle époque les Génois y rentrèrent; mais il paraît qu'ils en étaient maîtres en 1266. La ville de Bonifacio se montra toujours très attachée à la République de Gênes, qui pour récompense la dota de plusieurs privilèges. Alphonse, roi d'Aragon, et Vincentello d'Istria à la tête des Corses tentèrent vainement de s'en emparer en 1420. Dans les premiers temps de Sampiero, les Français et les Turcs, sous la conduite de Dragut, la prirent par stratagème après un siège long et mémorable; les Anglais l'occupèrent en 1794; trois ans après, le général Casalta la replaça sous la domination française. On remarque à Bonifacio plusieurs édifices qui attestent son importance et sa civilisation à une époque assez reculée. Cette ville forme un canton, 3,400 hab.

BORGO. Chef-lieu de canton dans l'arrondissement de Bastia, 700 habitants; est bâti sur la cime conique d'une colline à l'extrémité du contrefort qui sépare la vallée du Golo de celle du Bevinco, et domine sur la plaine fertile située entre les bouches de ces deux rivières; il est célèbre par deux victoires que les Corses y remportèrent sur les français, la première en 1738, la seconde en 1768. Le canton de Borgo a 4 communes: Biguglia, Lucciana, Vignale, et le chef-lieu.

BOZIO. Nom d'une ancienne piève dont le territoire correspond au canton actuel de Sermano.

BRANDO. Chef-lieu de canton dans l'arrondissement de Bástia (Cap-Corse) 1500 habitants.

Il existe dans le territoire de cette commune, aux pieds du hameau de Pozzo, dans une position admirable, sur le chemin qui conduit de Bastia à Erbalunga, une des grottes les plus belles que l'on puisse voir, pleine de *stalactites* et de *stalagmites* de l'effet le plus pittoresque. Le canton de Brando a 3 communes: Pietracorbara, Sisco et Brando.

BRADOLACCIO, né dans la piève de Casacconi vers 1420 fût un ennemi terrible des Génois. Il tint longtemps la campagne à la tête d'une poignée de patriotes et fit une guerre à mort aux oppresseurs de son pays. Implacable dans sa haine, énergique et brave jusqu'à la témérité il faisait impitoyablement passer par les armes tous les liguriens qui tombaient en son pouvoir. Son audace était si grande, dit un historien, qu'il pénétrait même dans les villes et jusque dans le palais du gouverneur pour y punir les assassins de sa famille, de ses amis et de ses compagnons. Il tua de sa main l'évêque de Mariana, un des conseillers intimes du commissaire génois. Filippini représente Bradolaccio comme un chef de brigands, mais l'on n'ignore pas que l'archidiacre de Mariana n'occupait pas une position indépendante vis-à-vis l'autorité de Gênes, et qu'il s'est montré souvent injuste envers les hommes des révolutions de Corse. Aussi son jugement sur Bradolaccio doit-il être considéré comme une preuve nouvelle de sa complaisance intéressée envers le gouvernement ligurien. On ignore la fin de Bradolaccio. Il est probable qu'il finit par être victime de la tyrannie génoise.

BRUSCHINO, lieutenant de Sampiero, était natif du hameau de Castello d'Orezza. Il se signala par sa bravoure dans maints combats contre les Génois et périt glorieusement à la bataille de Vescovato en 1564. On prétend que le coup de feu qui lui donna la mort partit de la maison de l'archidiacre Filippini située sur un rocher aux pieds duquel eut lieu le combat.

BUTTAFOCO (de). Famille noble qui remonte au XIIe siècle et dont plusieurs de ses membres ont joué un rôle important dans les affaires publiques de l'île à différentes époques; les plus connus sont:

BUTTAFOCO (Antoine de), né à Vescovato, fut un des principaux chefs de la piève de Casinca pendant la révolution de 1729. Il était beau-frère d'André Colonna Ceccaldi, lequel fut élu général de la Nation à cette même époque. Il fut lié d'amitié avec Hyacinthe Paoli et Jean-Pierre Gaffori lesquels furent aussi généraux de la Nation. Prit une part active aux affaires à l'époque du roi Théodore. Fut plus tard transporté à Toulon comme ôtage pour sûreté du traité à intervenir entre les Corses et les Génois sous la garantie du roi de France (1738). L'année suivante, le roi ayant créé un régiment Royal-Corse, Antoine Buttafoco fut autorisé à lever une compagnie dont il fut nommé capitaine. Il fit en cette qualité la campagne d'observation sous Dunkerque (1742), celles de Flandres, assista aux sièges de Furne, Tournay, Oudenorde, etc., aux batailles de Fontenoy, Rocoux, etc., blessé dans un combat près de Tirlemont, il fut nommé chevalier de Saint-Louis quelques mois après. Il mourut en 1760. Il a laissé sous le titre de: *Memorie di guerra*, un manuscrit relatant les principaux évènements de sa carrière militaire de 1738 à 1749.

BUTTAFOCO (Jean-Baptiste de), frère du précédent, vendit une partie de ses biens pour venir au secours de la Nation et fut nommé directeur des finances de l'État en 1756. La Consulte du 1er décembre 1762 ayant ordonné la formation de deux régiments il fut nommé colonel du premier. — Alérius-François Matra venait de retourner en Corse et de soulever les populations d'Aleria et de Tallone contre le gouvernement national. Buttafoco s'avança contre lui dans la piève de Verde, le battit et le força à se réfugier dans la place d'Aleria qui était toujours aux mains des Génois. Il fut plus tard chargé par le général Paoli de s'emparer de la ville d'Ajaccio, mais cette entreprise échoua par suite d'un concours de circonstances imprévues. Jean-Baptiste Buttafoco fut tué en avril 1764 à Olmeta del Cavo à la suite d'un accident malheureux, par un soldat qui apprenait l'exercice (Voyez dans Tomaseo la lettre de Paoli relative à ce triste évènement).

BUTTAFOCO (le comte Mathieu de), général né en 1731, était fils d'Antoine. Il entra au service en 1740 comme cadet dans la compagnie de son père à l'âge de huit ans, fut nommé enseigne en 1741, lieutenant en 1746. Il fit avec son père la campagne d'observation sous Dunkerque, celles de Flandre, assista aux sièges de Furne, Oudenarde, Tournay, etc., aux batailles de Fontenoy, Rocoux, etc. Il dut à sa brillante conduite dans ce dernier combat d'être nommé capitaine, aide-major et chevalier de Saint-Louis (1752-1762). Il eut à cette époque un commerce de lettres avec Jean-Jacques Rousseau auquel il proposa de vouloir bien tracer un plan de constitution publique pour la Corse qui venait de secouer le joug des génois et de recouvrer son indépendance. Fut envoyé à Paris par le général Paoli sur la demande du duc de Choiseul pour traiter des affaires de la Corse (1768), plaida avec énergie mais sans succès la cause de son pays auprès du célèbre ministre de Louis XV. Mais sa conduite dans cette circonstance n'en fut pas moins l'objet de graves attaques dont l'histoire a fait justice. Colonel du régiment provincial Corse, puis colonel propriétaire du régiment Buttafoco (1770), il fut créé comte par lettres patentes du roi en 1776, brigadier d'infanterie en 1781. Député de la noblesse de Corse aux Etats généraux de 1789, qui devinrent Assemblée constituante, il émigra après la clôture de ladite assemblée, ne porta pas les armes contre la patrie, et fut rayé de la liste des émigrés en 1801. Il mourut à Bastia en 1806.

BUTTAFOCO (Jean-Sébastien de), cousin du précédent, né à Vescovato en 1729, prit une part active aux évènements de la dernière guerre de l'indépendance. Des liens intimes l'unissaient au général Paoli qui lui confia souvent des missions politiques importantes. Il fut mêlé aux négociations qui suivirent le combat de Borgo (1768) et dont l'insuccès amena la catastrophe de Pontenovo. Après la conquête il fit sa soumission à la France et jura fidélité à Louis XV. Les services rendus à son pays pendant près de trente ans, sa probité et sa capacité reconnues le désignèrent au choix du gouvernement pour faire partie de la Junte royale d'Orezza (1785).

Député de la Casinca à la Consulte générale de Corte de 1794, il resta fidèle à Paoli. Il fut peu de temps après nommé avocat du roi Georges III d'Angleterre à la juridiction de la Porta. Il mourut en 1802.

BUTTAFOCO (Dominique de), frère du précédent, né à Vescovato en 1731, fut un des plus ardents défenseurs de la cause nationale au temps de Paoli. Il commandait les compagnies de la piève de Casinca, à la bataille de Pontenovo où il fut blessé. Il est cité avec éloges par quelques auteurs entre autres par Guerazzi dans son livre intitulé: *Pasquale Paoli ossia la rotta di Pontenovo*. Il mourut en 1770.

BUTTAFOCO (AMBROISE DE), frère du précédent, né à Vescovato en 1735, fut un des promoteurs de la fameuse échauffourée de Balagne (1768) et dut passer en Italie d'où il revint quelques mois après. Il se sépara de ses frères pour suivre la politique de Mathieu Buttafoco son parent, et après la conquête il fut nommé lieutenant dans le régiment Buttafoco. Rentra en Corse à la réforme de ce corps. La révolution le trouva parmi ses adversaires. Paoli avait été rappelé en France et le gouvernement l'avait investi du commandement militaire de l'île avec le titre de lieutenant-général. Un des premiers actes de l'ancien chef des Corses fut de faire arrêter Matra, Ambroise de Buttafoco et les fils du général Gaffori. Si l'on doit en croire Saliceti, Buttafoco aurait été emprisonné pour avoir tenu des propos *indiscrets contre son Excellence* (Voy. *Lettre de Cristophe Saliceti à ses concitoyens, Bastia 1793*). Mais il est permis de supposer que ce n'est là qu'une allégation du célèbre conventionnel et que la mesure prise à l'encontre de Buttafoco par le général Paoli, fut dictée par des considérations d'intérêt purement politique. Quoiqu'il en soit, Ambroise Buttafoco ne fut pas détenu longtemps grâce à l'intervention de son frère Jean-Sébastien auprès de Paoli. Lorsque l'ancien chef de la nation corse leva l'étendard de la révolte contre la Convention, Ambroise Buttafoco devint l'un des chefs les plus énergiques du mouvement séparatiste. Saliceti l'accuse de persécuter les *patriotes opprimés*. Il dut à l'amitié de Charles-André Pozzo di-Borgo d'être nommé capitaine de la gendarmerie royale organisée par Elliot. Il mourut en 1815.

BUTTAFOCO (LOUIS, comte de), colonel, fils de Mathieu, né à Paris en 1790, fit ses études au collège de Voltera (Italie) où il eut pour condisciples quelques hommes qui jouèrent dans la suite un rôle important dans les affaires publiques de la Péninsule, entre autres le pape Pie IX avec lequel il fut lié d'amitié. Il entra au service dans les gardes du prince de Lucques en

1809 et fut nommé lieutenant en 1810. Il passa en 1812 avec son grade au 113e régiment d'infanterie de ligne. En 1813 il fut nommé capitaine au 145e. Il fit la campagne de Saxe et assista aux batailles de Bautzen et de Lutzen. En 1814 il fut nommé aide de camp du général de Launay. L'année suivante il fut mis en non activité par suite de réductions dans l'état-major. En 1816 il fut nommé chef de bataillon provisoire dans la Légion corse. Il reprit quelques mois après ses fonctions d'aide de camp auprès du général Launay. Capitaine à la légion corse en 1816, remis en non activité en 1817, il reprit deux ans après son service comme capitaine dans la légion départementale de l'Allier. Il passa en 1820 au 10me léger, fut nommé chef de bataillon quelques années après, lieutenant-colonel du 31me léger en 1841, colonel en 1844. Il prit part à presque tous les combats qui illustrèrent l'armée d'Afrique commandée par les généraux d'Aumale et Bugeaud et se signala par sa belle défense du camp de Batna pendant les journées des 10, 11 et 12 mars 1844. Définitivement admis à la retraite en 1852, la veille même du coup d'Etat du 2 décembre, il rentra en Corse et mourut à Bastia en 1871. Il était commandeur de la Légion d'honneur et chevalier de St-Louis. — Auteur de: *Fragments historiques pour servir à l'histoire de la Corse.*

C

CACCIA, nom d'une ancienne *pième* dont le territoire forme le canton actuel de Castifao dans l'arrondissement de Corte.

CACCIANINCO, ancien nom de l'Asco.

CALACUCCIA, chef-lieu de canton dans l'arrondissement de Corte. Ce village est situé au centre du Niolo. Il est renommé pour sa position pittoresque et pour la foire qui s'y tient tous les ans le 8 septembre avant l'émigration des bergers de cette contrée pour les vallées et les plaines du littoral, 900 hab. — Le canton occupe une superficie de 22,376 hect. et comprend cinq communes: Albertacce, Casamaccioli, Corscia, Lozi et le chef-lieu avec une population de 4,400 hab.

CALARIS, nom d'une ancienne ville aujourd'hui détruite et qui fut fondée par les Phocéens. Sa position géographique n'est pas connue d'une manière certaine. On croit généralement qu'elle était située sur la côte ouest dans la plaine de Galeria près de Girolata. Diodore de Sicile nomme cette ville Caleris et dit même qu'elle était célèbre, *celebris.*

CALENZANA. Chef-lieu de canton dans l'arrondissement de Calvi; c'est le village le plus important de la Balagne et l'un des plus considérables de l'île. Il est situé dans un vallon ombreux et fleuri et borné par un horizon pittoresque de collines et de montagnes. On remarque à Calenzana une belle église assez vaste, d'une noble architecture et riche en marbres précieux. On y voit le tombeau d'un pieux missionnaire corse, le père don Luigi mort en 1782. Le village de Calenzana est célèbre par la victoire que les corses commandés par le général Ceccaldi y remportèrent sur les allemands placés sous les ordres de Camille Doria et de Vins, le 2 février 1732. — 2,800 hab. — Le canton de Calenzana occupe une superficie de 64,280 hect. et comprend huit communes: Cassano, Lumio, Occi, Lunghignano, Moncale, Montemaggiore, Zilia et le chef-lieu. Sa population est de 7,000 hab.

CALLISTA. Des auteurs modernes entre autres de Pommereul et Boswel ont appliqué à la Corse, connue des grecs sous le nom de Cyrno, le passage d'Hérodote relatif à Callista. Mais il paraît que ces auteurs se sont trompés. D'après les géographes modernes, ce serait l'une des îles Cyclades, Santorin, qu'il faudrait regarder comme l'ancienne Callista ou Théra.

CALVI. Chef-lieu d'arrondissement sur la côte ouest. Place forte. Port vaste et sûr. Cette ville est bâtie sur un rocher baigné de trois côtés par la mer; elle se divise en deux parties: la citadelle et le faubourg; Calvi se montra toujours très attaché à la République lygurienne qui pour récompenser sa fidélité fit placer sur la porte de la citadelle cette inscription: *Civitas Calvi semper fidelis.* En 1553, Calvi repoussa les attaques des français et des turcs; fut prise par les anglais en 1794 après un siège de trente-neuf jours pendant lequel elle fut en partie détruite par les bombes qui y furent jetées par les assiégeants. 2000 hab. Patrie des Baglioni, du poète Guibeca et de Christophe Colomb.

CAMPI MIRTEI (bataille des), gagnée par les Romains, commandés par le consul Caïus Papirius, sur les Corses vers l'an 520 de Rome. On ignore l'endroit précis où elle eut lieu, le myrthe étant un arbuste très répandu sur le littoral de l'île. Jacobi suppose que ce fut dans les environs de la moderne Saint Florent aux lieux communément appelés Mirtella ou Mortella, où en faisant des excavations dans le dernier siècle on découvrait encore des tombeaux romains et des urnes anciennes. Ils se pourrait aussi que cet évènement militaire ait eu pour théâtre quelque point de la côte orientale, la plaine de Vescovato, par exemple, où l'on trouve un endroit connu sous le nom de *Mortte*. On est d'autant plus porté à admettre cette dernière hypothèse que les contrées du littoral oriental furent vraisemblablement le principal théâtre des combats que les Corses eurent à soutenir contre les étrangers envahisseurs à ces époques reculées.

CAMPI (TOUSSAINT, baron), général, né à Ajaccio en 1777, mort en 1832, embrassa très jeune la carrière des armes et dut à sa valeur un avancement rapide. Il prit part aux guerres de la Révolution et de l'Empire, se signala à Wagram et à Liepzig, fut nommé général de division en 1831.

CAMPILE. Chef-lieu de canton dans l'arrondissement de Bastia, 900 hab. — Le canton de Campile est formé de l'ancienne piève de Casacconi et comprend 7 communes: Crocicchia, Monte, Olmo, Ortiporio, Penta-Acquatella, Prunelli et le chef-lieu.

CAMPITELLO. Chef-lieu de canton dans l'arrondissement de Bastia, 340 hab. — Le canton a 5 communes: Bigorno, Lento, Scolca, Volpajola et le chef-lieu.

CAMPOCASSO (Château de). Aujourd'hui ruiné, était situé au-dessus de Sorio dans le Nebbio. — Patrie d'une ancienne famille de Caporaux dont le plus connu est:

CAMPOCASSO (ACHILLE de), célèbre caporal et tribun populaire, l'un des meilleurs lieutenants de Sampiero, se signala par sa bravoure dans les combats. Il battit les Génois dans plusieurs rencontres et contribua au succès des Corses dans la mémorable bataille de Vescovato.

Il devint ensuite ennemi de Sampiero, se retira dans le Nebbio, négocia son pardon avec les Génois, passa à Gênes, prit part à la guerre des nobles et mourut de maladie dans cette ville vers 1557

Achille dit Filippini, eut été un autre Sampiero, s'il n'eut pas changé si souvent de parti.

CAMPOLORO. Nom d'une ancienne piève dont le territoire forme aujourd'hui le canton de Cervione dans l'arrondissement de Bastia.

CANAVAGGIA. Commune du canton de Campitello. Il existe dans ce village une grotte profonde appelée l'*Arca* dans laquelle les habitants cachèrent les femmes, les enfants et les vieillards pendant l'occupation française la veille de la bataille de Ponténovo.

CANONICA (la). On désigne sous ce nom l'ancienne cathédrale de Mariana dont on voit encore les ruines dans la plaine de Borgo, rive gauche du Golo. Plusieurs auteurs ont supposé que c'était un temple antique dont les Maures avaient fait d'abord une mosquée, et que les chrétiens avaient transformée en église. D'autres font remonter la construction de ce monument au temps de la domination des grecs du Bas-Empire. Mais l'opinion générale est que cet édifice est un ouvrage des Pisans. En effet, c'est le même type des monuments de ce genre élevés en Corse par ces anciens dominateurs de l'île. La longueur de la Canonica est de cinquante deux mètres quarante-huit centimètres; sa largeur de quatorze à seize mètres et sa plus grande hauteur de treize mètres. On remarque sur les voussoirs qui composent les arcs du portique de cette église, des figures d'animaux et d'autres signes que l'on ne peut pas déchiffrer.

CAP CORSE, *Sacrum promontorium* des Latins. Nom sous lequel on désigne le promontoir qui termine l'île au nord et qui s'avance près de cinq lieues vers le golfe de Gênes. Cette contrée âpre et rocailleuse est séparée en deux parties par une chaine de montagnes appelée la *Serra* qui n'est qu'un prolongement de la chaine médiane de l'île, et dont le mont *Alticcione* au-dessus de Cagnano forme le point le plus culminant (1289 m.). La province du Cap offre peu de ressources naturelles; la végétation y est peu robuste et pendant les chaleurs de l'été l'eau y devient parfois très rare. La partie orientale de cette contrée offre quelques belles vallées de peu d'étendue mais bien cultivées et d'un rapport relativement considérable. Parmi ces vallées on remarque surtout celles de Luri et de Rogliano. Au sud, le Cap Corse présente une perspective monotone, mais à l'est les îles de Capraja, de Montecristo et de l'Elbe qui se déploient en triangle devant ses bords offrent un gracieux point de vue de mer. Le littoral du Cap présente peu de sinuosités ; cependant on y trouve plusieurs anses pour les navires. Le port du Macinaggio est un mouillage commode et fréquenté. Le Cap produit en abondance des vins très estimés, de bons légumes, des laitages délicieux, des huiles excellentes, de bons fruits et des cédrats de première qualité. On y trouve aussi quelques beaux marbres et des mines d'antimoine. Les vents qui y soufflent presque constamment causent de grands dommages aux récoltes.

CAPORAUX (*Caporali*). Anciens chefs des communes ; ils furent d'abord les protecteurs du peuple, mais dans la suite ils causèrent de grands maux à leur pays. Jaloux les uns des autres, ambitieux, remuants, ils abusèrent de l'influence qu'ils avaient sur les populations et la vendirent au plus puissant, Corse ou étranger, qui voulut s'emparer du pouvoir. Tous les Caporaux portaient le nom de leur village ; ils n'en étaient cependant pas les seigneurs.

CARAFFA (Ignace, baron de), général, était né à Bastia d'une famille dont plusieurs de ses membres avaient porté l'épée à différentes époques et étaient parvenus à des grades supérieurs dans la milice. Il était à peine âgé de neuf ans lorsqu'il entra à l'Académie Caroline de Stuttgard sous les auspices du prince Wurtemberg qui avait été l'hôte et l'ami de sa maison pendant les évènements de la première guerre de l'indépendance. A treize ans il fut nommé sous-lieutenant dans un régiment de hussards. Promu au grade de capitaine, il fit la guerre au service de l'empire et se trouva même dans l'armée des princes sous Cobourg. Mais l'amour de la patrie, l'emporta dans son cœur sur toutes les autres considérations ; il offrit sa démission et rentra en Corse. Accueilli peu de temps après avec son grade dans l'armée française, il fut nommé en 1805 au commandement d'un bataillon de l'armée corse. Il passa avec ce corps au service de Naples sous le roi Joseph et en devint bientôt colonel. Il contribua puissamment à la répression du brigandage dans les Calabres. Se distingua au siège de Gaète, aux expéditions de Capri et de Sicile, et reçut en récompense de ses services le grade de général de brigade, et le titre de baron. Les évènements de 1815 le ramenèrent en Corse. Il mourut à Bastia en 1844.

CARBINI. Village du canton de Levie dans l'arrondissement de Sartène donna son nom à une vaste pière. Il était autrefois considérable et florissant; aujourd'hui il est réduit aux dimensions du plus chétif hameau. C'est là qu'avait pris naissance au XIVe siècle une secte moitié politique, moitié religieuse, appelée des Giovannali (Voy. ce nom dans le corps de ce Dictionnaire). Les extravagances de cette secte ont été la principale cause de la décadence de Carbini. — L'Eglise de Saint-Jean de Carbini est une belle et solide construction du moyen-âge toute en pierre taillée, « son clocher, véritable rareté pour le pays, montre au loin sa flèche gracieuse, à la forêt de *Fontana-Rossa*, et aux collines de ces lieux solitaires. »

CARBUCCIA (Jean-Sébastien-Luc-Bonaventure) général, né en 1808 à Bastia d'une famille ancienne et distinguée, entra à l'école spéciale militaire de Saint-Cyr et fut nommé lieutenant au 1er régiment de ligne en 1827. Il fit en cette qualité la campagne d'Afrique de 1830; se distingua sous les murs d'Oran et fut promu au grade de lieutenant en 1832. Deux ans après, il fut fait capitaine. Rentré en France, il retourna bientôt en Algérie sur sa demande et prit part aux combats de Blockaus-Ouled-el-Kébir et de El-Mezzaoui (1840) dans lesquels il fut blessé. Sa belle conduite au combat d'Ouled-el-Kalesf lui valut une première citation à l'ordre de l'armée. Promu au grade d'officier supérieur en 1841; chevalier de la Légion-d'honneur l'année suivante, lieutenant-colonel en 1846, il dut à la bravoure dont il fit preuve au combat de Djelfa d'être nommé colonel du 2e régiment de la légion étrangère avec nouvelle citation à l'ordre de l'armée. Il fut plus tard investi du commandement supérieur de la division de Batna. En 1849 il dirigea comme major de tranchée les opérations du siège de Zaatcha et s'acquitta de cette mission importante et périlleuse avec autant de courage que d'intelligence. Officier de la Légion d'honneur en 1850, rentra en France et fut nommé général de brigade, 1852. Nommé en 1854 chef d'État-Major général du camp du midi, il fut appelé un mois après, au commandement d'une brigade de l'armée d'Orient et mourut du choléra à Gallipoli quelques semaines après.

CARDINI (Ignace), médecin et naturaliste distingué, né dans la pière de Marana, écrivit en langue latine un ouvrage remarquable sur les minerais et le règne végétal de l'île. Fut ensuite obligé de quitter son pays pour se soustraire aux persécutions dont il était l'objet de la part des moines contre lesquels il avait publié des lettres satiriques et alla se fixer à Livourne où il finit ses jours.

CARGESE. Commune du canton de Piana dans l'arrondissement d'Ajaccio. En 1676, les génois y établirent une colonie grecque qui fut pendant quelques temps prospère, et qui se maintient encore malgré les malheurs qu'elle a éprouvés.

CASABIANCA, commune du canton de Porta, a donné son nom à la famille des Casabianca.

CASABIANCA, famille noble qui a fourni plusieurs hommes célèbres dont les plus connus sont :

CASABIANCA (GIOCANTE DE) guerrier célèbre, qui servit successivement la France, Venise et Gênes. — Lorsque le connétable de Bourbon, assiégeait Marseille, Giocante Casabianca, à la tête d'un régiment corse, ne cessa de le harceler, et d'arrêter ses convois. Il l'assaillit plusieurs fois dans son camp ; ce fut l'une des principales causes de la levée du siège. Quelque temps après, il battit en Italie, et fit prisonnier Moncade, général espagnol. Il passa ensuite à Venise où il parvint aux plus hauts grades militaires ; il en fut rappelé par André Doria qui le nomma gouverneur de Gênes. — Neveu du doge Frégoso, il embrassa le parti de ce dernior contre les Adorno, et fit échouer la conspiration du comte Fiesco. Il s'était allié doublement à la grande famille Doria ; il avait épousé Caledonia Doria et marié sa fille à Jacques Doria. Il mourut en 1558 et fut inhumé dans l'église Sainte-Catherine de Gênes où sa fille et son gendre lui élevèrent un tombeau. — Sur la pierre tumulaire on voit gravées en alliance les armoiries des familles Doria et Casabianca.

CASABIANCA (JACQUES DE), neveu de Teramo, servit d'abord dans l'armée génoise ; mais lorsqu'à la sollicitation de Sampiero d'Ornano, Henri II, roi de France, envoya en Corse une expédition commandée par le maréchal de Thermes, Jacques de Casabianca fut un des premiers à se déclarer pour les français. Les génois mirent sa tête à prix en même temps que celle de Sampiero. — L'île entière à l'exception de Calvi et de Bonifacio, se soumit à la France. Malheureusement sa domination ne fut pas de longue durée ; en 1559, après la fameuse bataille de St-Quentin, les corses ayant appris qu'un traité de paix se négociait à Cambrai, craignirent d'être abandonnés par la France et livrés à leurs anciens oppresseurs; ils envoyèrent à Paris auprès de Henri II, Jacques de Casabianca et Léonard Casanova de Corte. Le roi les reçut avec bienveillance, les nomma chevaliers de l'ordre de St-Michel, et leur témoigna ses regrets de ne pouvoir conserver la souveraineté de l'île. Jacques de Casabianca, craignant d'être poursuivi par les génois, se retira à Rome. Il rentra en Corse, en 1564, après que Sampiero eût soulevé les habitants de l'intérieur contre la domination génoise. Jacques de Casabianca devint l'un des principaux lieutenants de Sampiero; il s'empara de Vescovato qui servait de base d'opérations à l'ennemi. Investi de toute la confiance de Sampiero, il fut chargé par lui du recouvrement des impôts. Il vint mettre le siège devant Saint-Florent. Blessé sous les murs de cette place, dans un combat qu'il livra à la tête d'une poignée de patriotes, à une troupe nombreuse de partisans des génois, il fut renversé de cheval, fait prisonnier, et enfermé dans la citadelle de Bastia. A la suite d'une tentative d'évasion, il fut condamné à mort et décapité le 30 mai 1568.

CASABIANCA (LUCE DE), fils du précédent, s'enrôla d'abord au service des génois; mais bientôt il se mit à la tête d'une troupe nombreuse de patriotes, et s'unit à Sampiero qu'il seconda énergiquement dans son entreprise contre la domination génoise. Tous deux attaquèrent un fort détachement de troupes ligüriennes près de Ponte-alla-Leccia, et le mirent en déroute complète. — Les factions des Rouges et des Noirs qui divisaient la famille Casabianca semblaient éteintes; elles se ranimèrent par suite des agissements du gouverneur Vivaldi. Luce assaillit les Noirs dans le village de la Casabianca, en tua plusieurs, incendia leur château, et poursuivit même ceux d'entre eux qui avaient établi leur résidence à Venzolasca. Les Noirs essayèrent de se venger, et marchèrent en grand nombre sur la Porta où Luce s'était retiré. Ce dernier alla à leur rencontre, et leur fit essuyer une déroute complète. Ceux-ci implorèrent le secours des génois. Le gouverneur Fornari, marcha contre Luce en mai 1568, et tenta de se rendre maître d'un fort que les Rouges avaient construit à la Casabianca. Il fut repoussé avec pertes. Luce fit de nombreux prisonniers parmi lesquels quelques officiers qu'il garda comme ôtages. Après l'amnistie publiée par Georges Doria, Luce se rendit à Bastia. Le gouverneur génois l'accueillit avec affabilité, mais à son retour de cette ville, Luce tomba dans une embuscade qui lui était tendue et fut tué par des coups de fusils partis d'un buisson.

CASABIANCA (Jean-Quilico), né à la Casabianca en 1718, aida puissamment le comte Rivarola, généralissime des corses à chasser de Bastia puis de St-Florent le gouverneur génois Mari. Il fut nommé commandant de la piève d'Ampugnani, ensuite de la place de St-Florent et enfin protecteur de la province du Cap-Corse. Ami de Gaffori il l'assista dans toutes ses expéditions. Il prit part comme l'un des quatre députés de la Corse aux conférences de Toulon et de Bastia avec le marquis de Curçay et de Chauvelin et les envoyés de Gênes. Il contribua à la répression de la révolte de Matra. Après la soumission de la Corse il passa au service de la France et parvint au grade de colonel. Il mourut en 1793 à Vescovato où il s'était établi après son mariage avec la fille du général Colonna Ceccaldi.

CASABIANCA (Luce de), fils de Jean Quilico, né à Bastia en 1762, entra à l'âge de 13 ans à l'école militaire de la marine et en sortit avec le grade d'aspirant en 1778. Il fit toutes les campagnes de 1779 à 1790, sous les ordres de l'amiral comte de Grasse et se distingua dans les nombreux combats livrés aux anglais. Ils franchit rapidement les grades inférieurs. Il était promu capitaine de vaisseau en 1792. Député de la Corse à la Convention nationale il vota la détention du roi jusqu'à la paix. Il fit ensuite partie du Conseil des Cinq-Cents. — Des relations intimes l'unissaient au général Bonaparte, qui, en partant pour l'Egypte lui donna le commandement du vaisseau l'Orient et s'embarqua à son bord. Le 1er août 1798, Nelson, surprit et attaqua la flotte française dans la baie d'Aboukir. — Après que l'amiral Brueys eût été tué sur le pont de l'Orient, Casabianca continua le combat et obligea trois vaisseaux anglais à amener leur pavillon. — Tout-à-coup le feu éclata sur l'Orient. On fit de vains efforts pour l'éteindre. — Tout l'équipage se sauva à terre. Luce Casabianca déjà blessé refusa d'abandonner son vaisseau; il sauta, dit Napoléon Ier dans ses commentaires, en tenant à la main le grand drapeau national. Luce de Casabianca avait avec lui son jeune fils Giocante qui refusa d'abandonner son père et fut englouti avec lui dans les flots de la mer. Sous le règne de Napoléon III, un buste de Luce Casabianca fut mis au musée de Versailles et un aviso à vapeur de l'Etat reçut son nom. Plusieurs auteurs, entre autres Lamartine et Alfred de Vigny, ont consacré des pages émouvantes à la mort des deux Casabianca.

CASABIANCA (le comte Raphaël de), général, né à Vescovato en 1737, fit ses premières armes en Corse contre les génois sous le général Paoli. Nommé capitaine au régiment Buttafoco en 1770, il fut chargé par le général de Marbœuf de poursuivre les bandits qui infestaient la Corse, dut au résultat de cette mission difficile et périlleuse d'être fait major, puis lieutenant-colonel; assista comme l'un des quatre députés extraordinaires de la Corse à la réception solennelle que l'Assemblée constituante fit au général Paoli le 23 avril 1790, fut promu au grade de colonel en 1791, servit à l'armée du Nord sous Rochambeau, chassa les Autrichiens de la ville de Quiévrain dont il enfonça les portes à coups de canon, fut fait maréchal de camp en 1792. Se distingua à l'armée des Alpes que commandait le général Montesquiou, contribua à la conquête de la Savoie, commanda en 1793 les troupes régulières de l'expédition de Sardaigne, soutint à la même époque dans la ville de Calvi un siège de trente-neuf jours contre la flotte anglaise et les troupes du général Paoli, sortit de la place avec les honneurs de la guerre après avoir épuisé toutes ses munitions, fut reconduit en France et nommé bientôt après général de division. Employé d'abord à l'armée d'Italie comme chef de l'une des deux divisions de la côte, il fut nommé gouverneur de Nice, puis de la province de Coni et enfin de Gênes, s'attira partout l'estime et la sympathie des habitants par sa droiture, son désintéressement et son esprit de conciliation. Appelé au Sénat dès la formation de ce corps (1799), nommé grand officier de la Légion-d'honneur, il fut créé comte par lettres patentes de Napoléon en 1808. Titulaire de la sénatorerie d'Ajaccio, l'empereur le chargea en 1809 de se rendre en Corse avec mission de lui faire un rapport sur les besoins du pays et sur la conduite du général commandant et des autres fonctionnaires; à la suite de ce rapport, le général Morand fut rappelé et l'impôt des droits réunis qui venait d'être rétabli dans l'île fut aboli. Le général de Casabianca se trouvait en Corse en 1814, lors de la première abdication de l'empereur. Il fut nommé pair de France par Louis XVIII comme tous les membres du Sénat. Maintenu dans cette dignité pendant les Cent-Jours, exclu de la Chambre des Pairs par une mesure générale, réintégré par l'ordonnance du 21 novembre 1819, il mourut à Bastia en 1825 à l'âge de 88 ans.

CASABIANCA (Pierre-François de), fils du précédent, né à Vescovato en 1784 sortit avec le n° premier de l'Ecole Polytechnique pour entrer dans l'artillerie. Il prit part aux batailles d'Austerlitz, d'Iéna, d'Eylau, de Friedland, parvint rapidement au grade de capitaine et fut nommé aide de camp du maréchal Masséna. Il commanda le bataillon des tirailleurs corses à Essling et à Wagram. Dans cette dernière bataille, il montra le plus grand courage, et mit en déroute l'un des plus beaux régiments de cavalerie ennemie. La campagne d'Autriche terminée, Casabianca reprit ses fonctions d'aide de camp de Masséna et le suivit en Portugal. Après la prise de Ciudad-Rodrigo et d'Almédia, Casabianca fut envoyé à Paris (septembre 1810) avec 13 drapeaux. L'empereur le nomma major. Quelques mois après il devenait colonel du 31me léger. Il fut ensuite appelé à Wesel pour réorganiser le 11me où l'on incorporait les deux bataillons de tirailleurs corses et du Pô. C'est à la tête de ce régiment qui se composait de six mille hommes que Casabianca prit part à la campagne de Russie. Il fut tué à Polotsk à l'âge de 31 ans. Ses soldats lui élevèrent un mausolée que l'ennemi respecta même après le désastre de Moscou. — Napoléon Ier dans ses mémoires s'exprime ainsi sur le colonel Casabianca : « Casabianca, fils du « général Casabianca sénateur, a fait toutes les campagnes d'Alle-« magne, de Pologne, d'Espagne et de Russie; il était jeune d'an-« nées, mais vieux de connaissances militaires, Il était appelé aux « plus hautes destinées. Il est mort en Russie. »

CASABIANCA (Joseph-Marie, vicomte de), né à Venzolasca en 1745, entra au service de France dans le régiment Royal-Corse en 1761 avec le grade d'enseigne. En 1763, embarqué avec un détachement placé sous ses ordres sur le brick le *Caméléon,* il sauva par son énergie ce navire attaqué près des côtes de Sicile par une frégate anglaise. Lorsque en 1768, la Corse fut annexée à la France, Casabianca reçut du comte de Marbœuf la mission de pacifier la Corse et de faire déposer les armes à ses habitants. Le succès avec lequel il s'acquitta de la dite mission lui valut le grade de lieutenant-colonel (1776). Il reçut ensuite du roi la concession perpétuelle du domaine d'Aléria avec le titre de Vicomte et la croix de Saint-Louis. Appelé en 1792 à l'armée des Alpes, nommé colonel du 22me de cavalerie, maréchal de camp en février 1793, général de division le 15 mai de la même année. Il fut investi du commandement de toute la cavalerie lors de la conquête de la Savoie, battit les troupes Piémontaises dans plusieurs combats. Après cette campagne il fut chargé de réorganiser à Lyon la cavalerie de réserve. Nommé au commandement d'une division près d'Ancône sous les ordres du général Gouvion-St-Cyr, il fut chargé d'opérer contre l'armée napolitaine qu'il mit en déroute dans un combat sanglant à Fermo le 25 décembre 1798. En ventôse an VII il fut placé à l'avant garde dans la Valteline et battit les troupes autrichiennes dans plusieurs combats. Il fut plus tard investi par le premier consul du commandement de la division d'Alexandrie et de Mantoue. Après dix-huit mois de séjour dans cette dernière ville il fut atteint d'une fièvre paludéenne qui résista à tous les traitements et l'obligea à demander sa retraite. Il mourut peu de temps après à l'âge de 60 ans dans son château à Mornas près d'Avignon. — Sa fille avait épousé son cousin le comte Xavier de Casabianca ancien ministre de Napoléon III.

CASABIANCA (DE) FRANÇOIS-LOUIS, né à Venzolasca en 1776, fut nommé lieutenant en 1793 dans un régiment de la garnison de la Corse. Il prit part à la défense de Bastia attaquée par la flotte de Nelson. Transféré sur les côtes de la Provence après la capitulation, il fut attaché en qualité d'aide de camp à son oncle le général Joseph-Marie de Casabianca qui commandait la division de Nice. Il fut promu au grade de capitaine en 1796 et incorporé dans l'un des régiments de l'armée d'Italie. Il prit part en qualité de chef d'escadron de gendarmerie puis de colonel à la guerre d'Espagne. La sixième légion qu'il commandait se distingua dans les combats livrés en Catalogne par l'armée du maréchal Augereau. Le colonel Casabianca fut nommé commandant de l'arrondissement de Figuières. Il ne quitta pas la péninsule pendant les six années que dura la guerre, assista au siège de Gironne, fut blessé dans un combat qu'il livra à une bande d'insurgés réfugiés dans les montagnes et dût renouveler deux fois sa légion épuisée par des luttes continuelles. Il fut nommé chevalier de la Légion d'honneur en 1813 en récompense de sa belle conduite. Après la première abdication de l'empereur il demanda sa mise en non activité et se retira dans son pays natal. — Quand il apprit le débarquement de Napoléon au golfe de Juan, le colonel Casabianca appela aux armes les habitants du canton de Vescovato et s'avança à la tête d'une troupe considérable de paysans vers Bastia que le général Bruslart voulait livrer aux anglais. Il s'arrêta au pont de Bevinco et de là somma les autorités municipales de proclamer le gouvernement impérial, d'arrêter Bruslart. Celui-ci alla à la rencontre du colonel Casabianca à la tête du 34e de ligne; mais bientôt les soldats refusaient de continuer leur marche et remplaçaient la cocarde blanche par la cocarde tricolore. Le général Bruslart se réfugia sur un navire anglais. La municipalité de Bastia acclama le gouvernement impérial. Le colonel Casabianca dispersa alors le camp de Bevinco. Pendant les cent jours il eût sous ses ordres toute la gendarmerie de l'île. Ses fonctions cessèrent après la seconde abdication de l'empereur. En 1823 il fut nommé maréchal de camp honoraire et admis à la retraite. Il mourut à Bastia en 1837. — Il avait épousé l'une des filles du comte Raphaël de Casabianca, sénateur, son oncle.

CASABIANCA (FRANÇOIS-XAVIER, comte de) fils du précédent, gendre et neveu du général vicomte Joseph-Marie de Casabianca, né à Nice en 1796, fit de brillantes études au lycée Napoléon et remporta le premier prix de philosophie. Reçu avocat en 1819 au barreau de Bastia, il s'y plaça dès son début au premier rang. Son dévouement à la famille Bonaparte le tint éloigné des fonctions publiques sous la Restauration et sous la Monarchie de juillet. Elu représentant de la Corse à l'Assemblée constituante en 1848 et l'année suivante à l'Assemblée législative. — Son profond savoir et la lucidité de son esprit le firent nommer membre des commissions les plus importantes, entre autres de celle du budget et de la commission pour l'expédition de Rome. Il fut chargé du rapport de la loi sur la levée de l'état de siège de Paris et de Lyon. Il fit un discours sur la peine de mort qui produisit une grande impression et qui fut fort applaudi par la presse conservatrice. En 1851 il fut nommé ministre de l'agriculture et du commerce. Il prononça en cette qualité, à la distribution des récompenses aux exposants de Londres, cérémonie présidée par le prince Louis-Napoléon, président de la République, un discours remarquable et qui fit sensation. Au mois de novembre de cette même année, il fut appelé au ministère des finances. Le président de la République lui confia le 22 janvier 1852, le portefeuille du ministère d'Etat qui venait d'être créé. Après avoir organisé ce ministère, le comte de Casabianca concourut à la formation des grands corps de l'Etat. Le décret qui règle les rapports de ces assemblées avec le gouvernement et établit les conditions organiques de leurs travaux est son œuvre. C'est sous son administration qu'ont été décrétées les nouvelles constructions du Louvre. Il en posa la première pierre en juillet 1852 après avoir organisé un système de surveillance et de comptabilité qui soumettait toutes les dépenses au contrôle le plus rigoureux. Nommé membre du sénat en août 1852, il se distingua dans cette assemblée par ses travaux et son talent d'orateur. Il fit de nombreux rapports. Les plus remarquables sont ceux sur la liste civile et la dotation de la couronne, sur le projet de loi relatif à la transcription hypothécaire, sur la question de la mise à la retraite des magistrats par la limite d'âge, sur les sénatus-consulte qui règlent la constitution de la propriété en Algérie, sur la péréquation de l'impôt foncier et sur la codification des lois administratives. — Son projet de code rural fut sanctionné par un vote du sénat et servit de base aux travaux du Conseil d'Etat et des assemblées législatives qui se sont occupées de la rédaction de ce code. En 1863 le comte de Casabianca fut nommé procureur général à la Cour des comptes. Il prononça aux séances d'inauguration des travaux de cette assemblée, des discours ayant pour sujet la comparaison des finances françaises avec celles de l'Angleterre et de la Prusse. Ces discours furent insérés au journal officiel et justement remarqués. Après les évènements de 1870 le comte de Casabianca rentra dans la vie privée, se consacrant uniquement à un ouvrage intitulé: *Des finances françaises*, paru en 1880 et dont le succès est attesté par les journaux de cette époque; on y loue sans réserve la clarté du style et la science profonde de cette étude sur le budget et les impôts. En 1876 le comte de Casabianca fut élu député de l'arrondissement de Bastia sans concurrents. Ses compatriotes ne pouvaient, en effet oublier que dans sa longue carrière il n'avait cessé de s'occuper attentivement des intérêts de son pays et que c'était surtout par ses énergiques et persévérants efforts que la Corse avait obtenu l'exécution de nombreux travaux notamment le nouveau port de Bastia, le palais de justice, le canal d'irrigation de la Casinca etc... Il mourut à Paris en 1881. Il était grand-officier de la Légion-d'honneur.

CASACCONI, nom d'une ancienne piève dont le territoire forme le canton de Campile dans l'arrondissement de Bastia.

CASALTA (ANTOINE-PHILIPPE), général, né à Cervione, fit ses premières armes en Corse sous le général Paoli. Il passa ensuite en France et parvint rapidement au grade d'officier supérieur. Il fit les premières campagnes d'Italie sous Bonaparte, commanda l'avant-garde de l'armée expéditionnaire destinée à chasser les anglais de